웃 어 라 , 십 대

한국이라는 독특한 사회, 이제 막다른 골목에 부딪혔고, 지원군은 어느 곳에도 없었다. 그런데 갑자기 함성을 지르며 나타난 작은 사람들이 있었으니, 그들이 바로 한국의 십대들이다. 교육 파시즘과 인권 탄압의 현장에서, 십대들은 스스로 구원하고 이제 어른들도 구원하려 하고 있다. 눈물 날 일이다. 내 생애, 누구에겐가 이렇게까지 고마움을 느껴 본 적은 없었다.
— 우석훈(경제학자 · 《88만원 세대》 저자)

미래(未來)는 말 그대로 오지 않는 것, 준비하면 할수록 존재하지 않는 것입니다. 이 책의 청소년들은 '어른'이 되기 위한 삶의 대기실에 있지 않습니다. 이들이 만들어 가는 미래는 즐거운 현재이고, 바로 그것이 행복한 미래로 연결됩니다. 저를 포함하여, 미래를 준비한다며 현실을 저당 잡혀 '엉뚱한 방향으로 열심히 살고 있는' 모든 사람들에게 이 책을 권합니다.
— 정희진(여성학자 · 《페미니즘의 도전》 저자)

봉사하고 헌신하는 삶.
이웃과 함께 고락을 함께 하는 삶.
바로 NGO의 삶이고, 꿈을 꾸는 젊은이의 삶입니다.
— 박원순(희망제작소 상임이사)

세상 사람들은 우리에게 "그래 봐야 별 수 없으니 재빨리 적응하라"고 한다. 그러나 우리는 이렇게 말한다. 그렇게 순응만 하는 삶은 세상을 더욱 비참하게 만들 뿐이라고. 이 책은 두려움과 좌절감에 절어 나날이 목숨만 건지는 삶이 아니라 생동하는 주체성과 연대로 새 세상을 열어 나가는 희망의 메시지임을 확신한다.
— 강수돌(고려대 교수 · 《'나부터' 교육 혁명 》 저자)

우리의 하루는 평탄하지 않다. 인생이 원래 그런 것 같다. 그런 하루하루를 웃으며 사는 사람이 있다. 자신이 옳다고 믿고, 하고 싶었던 일을 해보는 웃음이다. 십대 때 그 웃음을 웃어 본다는 것! 이 세상이 더 나아지는 첩경일 것이다. 십대들아, 더 맘 껏 웃어라!
— 김종휘(노리단 단장·《너, 행복하니?》 저자)

2009년 또 한 번의 자유비행을 꿈꿉시다.
우리는 중력에 얽매여 땅 위에서 살아갑니다.
하지만 중력을 초월한 꿈과 이상을 포기할 순 없습니다.
중력의 지배를 받는 어른들은 땅 위에.
중력을 벗어난 우리 청소년들은 무한대로!
— 조효제(성공회대 교수·《인권의 문법》 저자)

보다 긍정적으로, 보다 적극적으로, 보다 낙천적으로.
제 좌우명입니다. 이미 이렇게 살고 있는 여러분이 자랑스럽습니다.
— 최재천(이화여대 교수·《생명이 있는 것은 다 아름답다》 저자)

돌아보면 나의 십대는 내 삶과 사회의 주인이 되려는 꿈을 꾸며, 또한 숨통을 죄는 현실의 무게로 괴로워했던 나날들이었던 것 같다. 그런데 살아가면서 현실의 벽이 더 많이 보이지만 이상하게도 더 무거워지지는 않는다. 이 세상에는 나와 같은 꿈을 가진 사람들이 무척이나 많다는 걸 알게 되기 때문인가 보다. 마음속의 소망을 꼭 지켜 냈으면 좋겠다.
— 신진욱(중앙대 교수·《시민》 저자)

열정세대

상상력과 용기로 세상을 바꾸는 십대들 이야기

기획 *참여연대*

좋은 세상 만들기, 나 혼자의 힘으로는 어렵겠지요. 참여연대의 출발은 '함께'에
있습니다. 자유와 정의, 인권과 복지가 바르게 실현되는 사회, 생각만 해도
아름답지요? 이런 세상을 우리는 '참여민주사회'라고 부릅니다. 우리가 살고 싶은
사회를 향해, 각계각층 남녀노소의 시민들이 모여 만든 단체가 참여연대입니다.
1994년 9월 10일, 500여 명의 시민들이 참여연대를 창립했지요. 서울 용산과
안국동 시절을 거쳐 현재는 종로구 통인동에 둥지를 틀었습니다. 참여연대의
창립 취지에 맞게, 15년을 한결같이 시민의 입장에서 우리 사회의 모순을
지적하고 대안을 만들기 위해 노력해 왔습니다. 시민을 괴롭히는 권력에
대해서는 맞서 싸우고, 서민과 사회적 약자를 감싸는 울타리가 되어 왔습니다.
그렇게 참여연대는 한국사회의 대표적인 시민단체로 성장했습니다. 그뿐 아니라,
참여연대의 살림살이도 시민 참여로 꾸려집니다. 참여연대 운영비 전부는 회원과
시민의 십시일반 후원에서 나옵니다. 정부지원금 0%인 시민 참여형 재정 구조를
갖고 있지요. 다양한 회원 행사와 시민 교육, 자원 활동, 인턴 프로그램 등 늘
회원과 시민으로 활기 있는 시민운동의 현장입니다.

+ 이 책은 독일 프리드리히 에버트 재단의 지원을 받아 만들었습니다.

열정 세대 상상력과 용기로 세상을 바꾸는 십대들 이야기

1판 1쇄 | 2009년 2월 16일 1판 10쇄 | 2020년 5월 21일

기획 | 참여연대 지은이 | 김진아 외 사진 | 김영광
펴낸이 | 조재은 편집부 | 김명옥 육수정
영업관리부 | 조희정 정영주

펴낸곳 | (주)양철북출판사
등록 | 2001년 11월 21일 제25100-2002-380호
주소 | 서울시 마포구 양화로8길 17-9
전화 | 02-335-6407 팩스 | 0505-335-6408
전자우편 | tindrum@tindrum.co.kr
ISBN | 978-89-90220-94-3 03300 값 | 12,000원

잘못된 책은 바꾸어 드립니다.

상상력과 용기로 세상을 바꾸는 십대들 이야기

열정세대

참여연대 기획 ✳ 김진아 외 지음

청소년 NGO 탐험기

양철북

새로운 감수성을 만나다

진한 웃음이 가득 배어 나옵니다. 입안에서 맹글맹글 돌아다니며 톡톡 터지는 새로움의 씨앗들이 재밌어 죽겠다는 표정입니다. 그런 웃음을 머금어서일까요? 손짓 하나에도 거침이 없습니다. 참 이상합니다. 어떤 발언권도 주어지지 않습니다. 오히려 "어린 게"라며 비웃음을 당합니다. 대학 가는 것 말고 다른 꿈은 모두 거세당합니다. 그런데도 어쩌면 저런 웃음을 지을 수 있을까요? 그렇다면 혹 우리 사회에 만연한 무기력함을 고칠 수 있는 비법을 저들에게서 구할 수 있지 않을까요?

2008년 봄, 미국산 쇠고기 수입에 반대하는 촛불 집회가 전국적으로 일어났습니다. 많은 사람들이 알고 있듯이 촛불을 처음 밝힌 것은 십대들이었습니다. 참여연대는 그 이유가 궁금했습니다. 하루도 아니고 열흘도 아니고 두 달 넘게 집회에 참여하는 것을 보면 분명 일시적인 충동 때문이 아님이 분명했습니다. 또한 누가 시켜서 참여하는 것 같지도 않았습니다. 십대들이 연 집회는 누가 시켜서 하는 것이라고 보기에는 이상할 정도로 너무나 자유롭고 평화로웠기 때문입니다. 우리는 십대들을 광장으로 이끈 지속적이고 자발적인 동인이 있을 것이라 생각했고, 이런 생각은 그들의 정체에 대한 궁금증으로 발전했습니다. 참여연대는 십대들의 정체를 찾아 탐험을 떠나기로 마음먹고 곧바로 짐을 꾸렸습니다.

탐험을 하면서 많은 친구들을 만났습니다. 막연하게 생각했던 것보다 훨씬 많은 친구들이 청소년 문제를 고민하고 나누고 실천하고 있었습니다. 그들은 잘 드러나지 않는 곳에서 묵묵히 자신과 주변의 삶을 조금씩 변화시키고 있었습니다. 그 누구보다 학생이 학교를 사랑해야 좋은 학교가 되지 않겠냐며 학생 자치 활동을 하는 윤지, 떵들이 행복해지는 세상을 위해 한 걸음 한 걸음 나아가고 있는 리인, 저항을 두려워하지 않는 따이루, 지역에서 함께 나누며 크고 자라는 관악사회복지 '햇살', 버마의 평화를 고민하는 리타, 놀이의 참맛을 일상과 연결시키는 '품', 촛불 광장으로 뛰어나온 지인이와 친구들, 자유로운 언론을 꿈꾸는 연주, 청소년들에게 필요한 정책을 제안하는 창숙……. 촛불은 이런 노력들의 결과라는 확신을 갖게 되었습니다.

촛불 집회 이후 많은 사람들이 한국의 십대들을 '촛불 세대'라고 부릅니다. 우리는 이제부터 감히 '열정세대'라고 부르고 싶습니다. 이유는 이렇습니다. 우리가 만난 십대들은 기성세대와는 확연히 다른 민주주의에 대한 감수성을 지니고 있었습니다. 그들에게 민주주의란 싸워서 쟁취해야 할 대상이 아니라, 생활 그 자체였습니다. 어떤 관습에도 얽매이지 않고 주체적으로 생각하고 그것이 옳다고 판단하면 열정적으로 행동하는 것, 이것이 그들의 민주주의였습니다. 48일 동안 걸어서 강 순례를 한 '강강수월래' 친구들은 한반도 대운하 '반대'라는 결론을 갖고 출발하지 않았습니다. 어른들의 생각에 기대지 않고 스스로의 체험을 통해 한반도 대운하의 시시비비를 판단하고 싶었습니다. 그래서 친구들끼리 떠났고 대장정을 마친 뒤, 만장일치로 한반도 대운하 '반대'라는 결론을 내렸습니다. 촛불 집회에서 십대들이 보여준 재기발랄한 구호와 이미지, 네트워크와 소통 방식 또한 모두 이러한 열정에서 나온 것이 아니겠습니까?

이 책은 무거운 주제도 까르르 웃어 젖히며 적을 무장해제시키는, 그리고 당면한 문제를 당당한 참여와 아름다운 연대로 일구어 나가는 십대들의 시민운동 이야기입니다. 봄이 남에서 북으로, 들에서 산으로 올라오듯 우리 사회의 변화도 낮은 곳에서부터 싹을 틔웁니다. 열정적 삶에 몸을 떠는 친구들, 변화를 갈망하는 모든 분들에게 낮은 곳에서 행동하는 십대들의 봄 이야기를 전합니다.

애초 기획보다 훨씬 더 진한했습니다만 매우 보람 있는 작업이었습니다. 작업의 단초를 마련해 준 프리드리히 에버트 재단, 편집위원들, 양철북 출판사에 감사드립니다. 친구들의 펄떡이는 에너지를 잘 담아주신 김진아 작가, 김영광 사진가와 친구들의 글에 현장 이야기를 덧붙여주신 활동가들도 고맙습니다. 모니터링을 해준 중·고·대학생 친구들, 꼼꼼하게 단체 소개를 해 준 아수나로 공현, 그리고 무엇보다 이 책의 숨은 제작자인 김지현, 김한보람 자원활동가에게 가장 뜨거운 박수를 보냅니다.
고맙습니다. 이 결과를 모두 즐겁게 누리시기 바랍니다.

2009년 1월
참여연대

+차 례+

+ **일러두기** +

· 책 내용은 모두 2008년에 취재해서 쓴 것이다. 시점의 혼동을 피하기 위해 등장인물의 나이와 학년 등은 글 쓴 시점을 기준으로 했다.

· 앞의 세 꼭지는 주인공이 말하듯이 썼는데, 모두 인터뷰를 바탕으로 해서 지은이가 쓴 것이다.

좀비가 되지 않는 두 가지 방법

청소년의 독립과 저항을 위해 행동하는 따이루

내 별칭 가지고 말도 참 많더라. 따이루 15세 . 언뜻 들으면 베트남어나 중국어 같지? 그런데 사람들 예상과 달리 따이루는 외국어는 한마디도 섞이지 않은 우리말이야. '내 염원을 담은 줄임말'이라고나 할까. 그 사연을 설명해 주지. 내 주민등록상 이름은 조만성. 한자로 일만 만 萬 에 이룰 성 成 을 써. 풀이하면, '모든 것을 다 이루어라' 이런 뜻이야.

하루는 알고 지내는 활동가와 내 별칭에 대해 의논한 적이 있어. 별칭을 만들려고 한 사연은 이래. 내가 인권 운동을 하니까 학교에 가면, "오, 만성이. 이번에 기자회견 했던데?" 이러면서 선생님들, 친구들 할 것 없이 나를 알아보는데 정말 귀찮았어. 그래서 나를 나타내면서도 감출 수 있는 별칭을 만들기로 했지. 그런데 딱히 뾰족하게 떠오르는 게 없더라고. 그래서 착안한 게 내 이름이었어. '다 이루어라' 이 뜻을 가지고 만들게 없을까 고민하다가 결국 '따이루'라는 별칭을 만들었지. 이해가 안 간다고?

그럼 도표로 그려 줄게.

다 이루어라 → 다 이루(어라) → 다이루 → 따이루

자, 어때? 한눈에 알아볼 수 있지? 좀 억지스럽냐? 그래도 어쩌겠
어. 이미 그렇게 지은걸. 킥킥. 내 별칭에 관한 '멋들어진' 사연
도 들었으니 슬슬 내 얘기를 풀어 볼까. 잠깐! 내 얘기를 시작하
기 전에 아래 주의 사항을 참고하면 좋겠다. 주의 사항을 읽은 뒤
에도 내 얘기가 무지하게 궁금하거든 계속 읽으면 된다. 알았지?

주의 사항

1. 학교를 때려치우거나 집을 뛰쳐나가고 싶은 증상에 시달릴
   수 있음.
2. 너무 과격해서 너를 당황하게 만드는 표현이 있다면, 그건—
   어쩔 수 없는—내 개성에서 비롯된 것이니 '인권 운동하는 활
   동가' 대부분이 그럴 것이라는 착각은 접어 주길 바람.
3. 내 이야기를 다 읽은 뒤에는 따이루의 매력에 푹 빠져 허우적
   거리거나 "뭐 저런 개차반 같은 녀석이 있어?" 하는 양가적인
   감정에 시달릴 수 있음. 뭘 선택할지는 너의 자유!

청소년들에게는 가출할 권리가 있다

나, 가출 청소년이야. 가출한 지는 1년이 조금 넘었지. 너한테

이렇게 처음부터 가출 청소년인 걸 떡 하니 밝히는 건 다 너를 믿어서다. 진짜 웃긴 게, 내가 인권 운동을 하잖냐. 그래서 이명박 정부의 교육 정책이 어쩌고, 두발 자유가 어쩌고 하면서 이야기할 때는 사람들이 나를 샤방샤방하게 바라본다. 그러다가 "저가출했어요" 이러면 갑자기 표정이 달라지거든. 그만큼 가출 청소년을 바라보는 시선이 안 좋은 것 같아. 이런 사회적인 시선을 단순화하면 아래와 같지.

가출 청소년=범죄의 온상=볼 장 다 본 청소년=사회의 쓰레기
=어둠의 자식=악의 축

마지막 건 좀 심했나? 아냐, 꼭 그렇지도 않아. 실제로 나를 바라보는 시선을 보면 알 수 있어. 그런데 대체 가출이 무슨 그리 큰 죄이기에 가출한 청소년들을 이렇게 바라보는 걸까? 너도 한번 생각해 봐. 입시 경쟁 탓에 아침부터 밤까지 학교에 꼬박 갇혀 있는 데다가 집에서는 학원 가라고 윽박지르잖아. 학교와 집에서 각종 압박에 시달리는 애들 중에서 누가 대체 가출을 안 하고 싶겠냐고. 너도 한 번쯤은 생각해 봤을 거야. 아침에 교복 챙겨 입고 학교에 가다가 문득 '내가 뭐하고 있나?' 싶기도 하고 말야. 내 친구는 햇볕 좋은 어떤 날 학교에 가다 고개를 들어 보니 한강 다리 위를 걷고 있더란다. 그게 내 친구 얘기뿐만은 아니지. 그래서 내가 가출 청소년에 대한 편견이 무엇이 문제인가 생

각해 봤다. 역시 명석한 따이루야.

자, 보자. 우선 가출이라는 용어는 항상 청소년에게만 사용되고 있어. 그렇지? 너 '가출 어른'이라는 말 들어 봤냐? 없지? 그래, 이 단어는 청소년들에게만 국한된 용어야. 사실 '가출 家出 '이라는 말은 '집을 나오다'라는 뜻일 뿐인데. 하지만 어른들에게는 가출 대신 다른 멋들어진 단어가 사용되지. 독립. 음, 이 얼마나 장대한 말이냐. 독립운동이나 주권 회복 운동도 아닌데, 집에서 나오는 행위만으로도 어른들에게는 '독립'이란 말이 따라붙으니 말이야. 사전에서는 독립의 의미를 이렇게 설명하더군. '다른 것에 예속하거나 의존하지 않는 상태.' 청소년들에게 꼬리표처럼 따라다니는 가출도 사실 이 의미와 다르지 않아. 집에서 나와 더 이상 어른들에게 의존하지 않겠다는 거니까. 그런데도 어른들은 독립한 청소년들에게 굳이 '가출'이라는 단어를 갖다 붙이며 차별화하려고 하지.

문제는 가출이란 단어 자체가 아니라 거기에 담긴 이미지야. 부정적인 이미지 때문에 그 대상마저도 혐오하게 되니까. 나는 어른들이 주류에서 벗어난 청소년들을 이렇게 대상화하고 이미지화하는 게 아닌가 싶어. 그렇게 해서 어른들 말을 잘 듣는 '착한 청소년'으로 남아있게 하고 싶은 거지. 하지만 오해는 하지 마. 그렇다고 내가 무조건 집에서 나오라고 가출을 종용하는 건 아니니까. 다만 청소년들도 집을 나올 권리가 있다고 주장하는 것뿐이지. 내가 이렇게 말하는 데는 이유가 있어. 다음의 기사를 보렴.

한때는 청소년들의 키스 아르바이트가 유행처럼 번지기도 했다. 키스 아르바이트
는 10분에 5천 원~1만 원가량의 돈을 받고 키스를 해주는 것. 주로 가출 청소년
들이 쉽게 돈을 벌기 위해 이용하는 변종 성 매매다. -〈일간스포츠〉 2008. 3. 5.

강원 춘천경찰서가 3일 특가법상 절도 혐의로 검거한 십대 19명은 결손 가정에서
자란 청소년들로 범죄의 유혹과 수렁에 빠져드는 모습을 단적으로 보여 준다. ……
주목할 만한 점은 이들이 모두 중·고교를 자퇴한 가출 청소년들로 대부분 부모가
이혼하거나 가정 폭력에 노출되는 등 결손 가정 출신이라는 사실이다. -〈연합뉴스〉
2008. 3. 3.

역시 우리가 예상한 대로 '가출 청소년=범죄의 온상' 이런 등
식이 성립하지? 이런 기사는 인터넷만 검색하면 넘쳐 나. 나는
이런 기사를 볼 때마다 너무 화가 나. 가출에 대한 한쪽 면, 그러
니까 가출의 현상만을 보여 주고 그 이면의 구조는 감춰 버리거
든. 마치 학교 폭력을 바라보는 시선하고 비슷해. 학교 폭력이
학생 개인의 윤리적인 문제 때문에 발생하는 것처럼 얘기하잖
아. 때린 놈은 나쁜 놈, 맞는 놈은 바보. 뭐 이런 거잖아. 그런데
사실 학교 폭력은 학교의 폭력적인 구조와 문화 때문에 가능하
거든. 일종의 폭력적 문화의 산물이라고 볼 수 있는 거야. 그런
데도 청소년 개인의 문제인 것처럼 희석해 버리지. 그래서 폭력

시키면 시키는 대로 하고,

꼰대

...하라 좀...

...이나리되면...

...우리되면...

지 말았으면

좋겠어.

청소년을 학교 바깥으로 쫓아내면 모두 해결되는 것으로 생각하는 거야.

가출 청소년 문제도 마찬가지인 것 같아. 가출 청소년들이 집을 나와서 성 매매를 하고, 폭력적인 문제들을 일으킬 수밖에 없는 구조에 대해서는 조명하지 않는다고. 청소년들이 나와서 갈 곳이 있다면 아무데서나 잘까? 청소년들이 집을 나와서 정당하게 노동하고 돈을 벌 수 있다면 성 매매를 할까? 그건 아니라는 거야. 청소년들도 가출할 수 있어. 또 실제로 그런 청소년들도 많고. 내 주장은 가출 행위 자체를 죄로 볼 게 아니라 인정하라는 거지. 청소년들이 가출할 권리를 인정하게 되면 가출 이후에 지낼 수 있는 공간 제공 문제나 노동을 할 수 있는 권리 등도 자연스럽게 수면 위로 떠오를 거야.

독립은 고생스럽다

그런데 너 표정이 어째 '집 놔두고 왜 사서 고생이람?' 하는 것 같다. 나와서 살다 보니 내가 반 도인이다, 도인. 솔직히 네 얘기가 맞아. 집 나와 사는 건 무지하게 고생스러워. 가출하기 전에는 어른들이 다 해줬거든. 엄마 아빠가 집과 음식을 제공하고, 무슨 문제가 생기면 다 알아서 판단하고 해결해 주지. 학교에 가서도 마찬가지잖아. 선생님이 정하고 시키고. 사실 학교에서나 집에서나 시키는 대로 하면 크게 문제는 없어. 나 역시 부모님 말만 잘 들었으면 지금 이러고 있지는 않겠지. 아, 갑자기 나 집

따
이
루

19

나오던 날이 생각난다.

2007년 11월 11일이었어. 큰 집회가 있는 날이었거든. 그 무렵이 내가 인권 운동을 시작한 지 2년쯤 되었을 때야. 며칠 전부터 경찰이 그 집회를 원천 봉쇄하고 강경 대응하겠다고 떠들어 대더라고. 우리 부모님은 아마 그때 눈치를 채신 것 같아. 안 그래도 인권 운동하는 게 눈엣가시 같았는데 저 집회마저 나가면 끝장이다, 이렇게 생각하셨겠지.

그날이 일요일이었는데 아침부터 미리 경고를 하셨지. "교회 갔다 바로 집으로 와! 특히 집회는 절대 가지 마!" 심상치 않은 기운을 느끼면서도 나는 그 집회를 가고야 말았단다. 왜냐고? 가고 싶었으니까. 그리고 하루 종일 집회에 열심히 참여한 뒤 집에 돌아왔는데, 그때 집안 분위기가 장난이 아니었다. 엄마가 "이제부터 무기한 외출 금지다. 엄마 아빠 있을 때만 허락받고 컴퓨터 켜고 숙제만 해라. 텔레비전 보지 말고 성경 말씀 읽어라!" 하고 엄포를 놓으셨지. 난 졸아서 문 앞에 서 있었는데 갑자기 아빠가 달려와 나를 개 패듯이 패기 시작했어. 눈물이 줄줄 흐르더라. 서러웠지. 그런데 그렇게 맞았는데도 몸이 아프지는 않았어. 아마도 너무 졸아 있어서 그랬나 봐. 그때였어. "왜 애를 패요? 차라리 내보내요!" 하고 소리치는 엄마의 목소리를 듣고, 나는 정신없이 신발을 걸쳐 신고 집을 뛰쳐나와 버렸어. 이렇게 해서 가출하게 된 거야.

막상 가출을 하고 보니 참 답답하더라. 계획한 독립이 아니니 모아둔 돈도 없었어. 그렇다고 당장 돈을 벌 수도 없고. 일을 하려고 해도 노동부의 허가증이 필요했어. 게다가 부모님 허가서도 필수거든. 그러니 그것도 불가능했지. 다행히 얹혀살 만한 인권 활동가가 있어서 잠자는 건 어떻게 해결했어. 그런데 학교 다니는 데 돈이 한두 푼 드냐. 급식비에 학교 운영 지원비, 또 고등학교 가려면 입학금에 교복 값, 준비물 값, 소풍비, 수련회비……. 게다가 지금 사는 곳은 신림인데 학교는 구로여서 차비도 많이 들어. 들어오는 돈은 없는데 나갈 일만 생기니 빚이 우후죽순 늘어나더라. 벌써 몇 만 원이다. 그래서 요즘은 무상교육의 필요성을 더욱 절감하고 있지.

요즘은 걱정이 하나 늘었어. 이명박 정부가 들어서고 나서 불기 시작한 의료 민영화 얘기는 아주 내 가슴을 쿵쾅쿵쾅 뛰게 만들고 있다. 내가 이가 좀 안 좋거든. 의료 민영화가 현실화되면 나는 이도 고쳐 보지 못하고 죽게 되겠지. 아픈데 병원에 못 갈지도 모른다고 생각하니 정말 미치도록 싫다. 먹고 살려면 투잡 | two job | 도 모자랄 것 같아. 이젠 인형 눈이나 봉투도 붙여야 할 지경이지.

그래, 독립한다는 건 이렇게 힘든 일이야. 어른들이 항상 우리 보고 공부하는 지금이 제일 좋을 때라고 말하잖아. 그 얘긴 어느 정도 맞는 것 같긴 해. 어른들이 다 해주는 걸 만족하기만 한다면 말이야. 하지만 독립이 힘들기만 한 건 아니야. 가출한 뒤로 얻은 게 은근히 많아. 미역국 안 질리고 적당히 담백하게 끓이는 법, 김치볶음밥 타지 않고 맵지 않게 만드는 법, 김치찌개 얼큰하게 끓이는 법도 가출한 뒤 배웠지. 또 생활 쓰레기를 반으로 줄이는 법이나 깨끗하고 냄새 안 나게 빨래하는 법, 깨끗하고 빠르게 청소하는 비법 또한 가출하고 나서 터득했어. 지금 말한 것들은 생활과 직결된 것들이지만 그것보다 조금 거창한 것도 있어. 바로 내 장래에 관한 것이지.

가출하고 나서 나는 진짜 미래 계획을 세울 수 있었어. 전에는 희미하게 보이던 미래가 조금씩 명확하게 보이기 시작했다. 아마도 내 인생이 진짜 내 것이라는 생각을 하게 되어서인 것 같아. 내가 나서서 계획을 세우고 설계하지 않으면 안 된다는 걸 깨달은 거지. 진짜 나를 발견했다고나 할까.

가출한 뒤 가족에 대한 생각도 많이 하게 됐다. 가족은 분명히 이 사회에서 우리를 지켜 주는 가장 따뜻한 공간임에 틀림없어. 하지만 이 따스한 공간이 가장 폭력적일 수도 있다는 사실을 기억해라. 부모님이 사랑이라는 이름으로 우리의 자유와 권리를 억압해서 바보로 만들 수 있다는 사실을 말이야.

보호라는 이름의 억압을 떨치고 나온 지금 따이루는 무척 행복해. 비록 인형 눈이나 봉투를 붙여야 할 만큼 삶이 고생스럽긴 하지만 말이야.

최저임금 3천7백7십 원

너, 혹시 신림동 가봤어? 떡볶이하고 순대로 유명한 신림동 말이야. 거기서 얼마 전에 내가 사고 하나 쳤다. 뭐, 당연한 권리 주장이긴 하지만 유례없는 행동이라 내가 매스컴을 좀 탔지. 사건의 전말은 이렇다.

내가 얼마 전에 신림동 순대타운에서 알바를 한 달 정도 했어. 알바가 필요한 건 사실이었지만, 순대타운에서 한 건 의도가 있어서였어. 바로 청소년들의 알바 임금 세태를 알리기 위해서였지. 너도 알다시피 알바를 하는 청소년들이 꽤 많아. 주로 패스트푸드점이나 분식점 등에서 알바를 하지. 그런데 청소년들이 일하고 받는 임금은 아주 형편없어. 시간당 1천5백 원부터 3천5백 원까지 다양하지.

그런데 너 그거 알고 있니? 법으로 규정된 최저임금이 있다는 사실 말이야. 시간당 3천7백7십 원이 바로 2008년 한 해 동안 법으로 규정된 최저임금이야. 어른이나 청소년이나 마찬가지지. 물가 상승률 등 해마다 여러 가지를 고려해서 조금씩 인상되고 있어. 그런데 '싸장님'들은 이걸 아시는지 모르시는지 확 깎아서 마음대로 시급을 주고 계시니 문제야. 내 생각에 사장님들이 잘 알고 있으면서도 청소년들이 무섭지 않으니까 그냥 뭉개고 가는 게 아닌가 싶다.

순대타운도 대체로 그런 분위기였고, 내가 알바를 한 식당 사장님도 마찬가지였어. 순대타운에서는 시급을 아주 잘 받아야 3천5백 원 정도 받고, 보통은 3천 원 정도를 받아. 나도 한 달 동안 일하면서 시급 3천 원 정도를 받았어. 그러다 순대타운을 그만

두고 난 뒤 인권 단체 활동가들과 갑자기 순대타운을 방문했지. 우선 내 임금을 마저 받는 게 주목적이었고, 또 순대타운의 현실을 알리려는 게 두 번째 목적이었어. 사장이 난리를 치더라. "내가 널 얼마나 인간적으로 대해 줬는데 이렇게 뒤통수를 치냐?"면서 "나중에 밤길 조심해라"는 협박까지.

어쨌든 각종 협박과 야유를 들은 뒤에 3만 8천 원 정도의 추가 시급을 받아 낼 수 있었지. 나도 사장님한테 개인적인 감정이 있었던 건 아니야. 사장님 처지에서 보면 억울할 수도 있겠지. 순대타운에서는 청소년들에게 최저임금을 안 주는 게 비일비재한 일이니까. 하지만 내가 진짜 동감하기 어려운 건 "인간적으로 대해 줬다"는 대목이야. 청소년들을 인간적으로 대하고 권리를 인정한다면 법으로 명시된 최저임금을 준수하는 건 기본이 아닐까? 그게 진짜 인간적으로 대하는 것 아니겠냐고.

그런데 이런 문제는 청소년들 스스로 나서야 할 부분도 분명히 있어. 어른들이 '모르쇠' 할 때 우리들이 "법적 시급은 3천7백7십 원인 거 모르셨어요?" 하고 당당히 주장할 수 있어야 한다는 거지. 그러다가 잘리면 어떡하냐고? 사장이 다른 알바 학생 구하면 그만인데 어떻게 그렇게 큰소리를 치냐고? 그래, 알아. 힘 있는 어른들에 비해 우리 청소년들은 너무 힘없고 목소리도 약하지. 그래서 내가 준비했다. 자, 아래 사항을 잘 봐.

시간급 : 3,770원(2007년 적용 최저임금 3,480원 대비 8.3퍼센트 인상)

일　급 : 30,160원(8시간 기준)

월　급 : 주 40시간 적용 사업장 기준(월 209시간) 787,930원

　　　　주 44시간 적용 사업장 기준(월 226시간) 852,020원

임금 체불 등 부당한 대우를 받은 경우 종합상담센터(국번 없이 1350)에서 상담을

받거나, 지방 노동 관서 근로감독과에 신고하면 권리 구제를 받을 수 있다. 합의 없

이 청소년이라 하여 법정 최저 시급보다 낮은 시급을 지급하면 최저임금법 위반으

로 3년 이하의 징역 또는 2천만 원 이하의 벌금을 내야 한다. –출처 : 노동부

자, 어때? 이걸 보니 이제 조금 큰소리를 쳐도 될 것 같지? 사장
님들도 이 사항을 꼭 준수해야 해. 그렇지 않으면 우리가 신고할
경우 벌금을 내거나 징역을 살게 되지. 무섭지 않냐? 이 사실을
아직도 모르는 사장님들이나 친구들이 있다면 널리널리 알려
줘. 그리고 수습 기간 이내에는 90퍼센트의 임금을 받을 수 있다
는 조항도 있으니 노동부 | http://www.molab.go.kr | 홈페이지를 즐겨
찾기에 두고 자주 들어가 보기 바란다.

나는 이렇게 청소년들이 노동한 대가로 임금을 제대로 받는 것
이 아주 중요하고 생각해. 사실 내가 주장하는 청소년들의 독립
과 노동에 대한 바른 처우는 매우 중요한 연결 고리를 가지고 있
어. 청소년들이 어디서 일하든 정당한 임금을 받고 일할 수 있는
구조라면 청소년들이 가출한 뒤에도 말 그대로 '독립'할 수 있
는 기반이 생기는 거잖아. 그런데 이렇게 최저임금조차도 보호
받지 못하는 환경에서는 가출 이후에 문제가 생기거나 범죄로

빠져드는 건 어찌 보면 너무 당연한 게 아닐까.

두발 규제, 체벌, 소지품 검사

한참 이야기를 하다 보니 나도 참 많이 변했다는 생각이 든다. 인권 운동을 시작하기 전 만성이로 살아갈 때와 따이루로 살아가고 있는 지금 말이야. 그 사이 착한 학생에서 가출 청소년으로 콘셉트도 바꾸었지.

참, 내가 처음 인권 운동을 시작하게 된 계기에 대해 말했던가? 아직 안했지? 사람들이 나한테 학생 인권 운동을 시작하게 된 계기가 뭐냐고 물으면 나는 바로 '영어 선생님 때문'이라고 말해. 내가 중학교 1학년 때 영어 선생님은 아주 전형적인 '엘리트'였어. 영화 〈타짜〉에서 영화배우 김혜수가 "나 이대 나온 여자야!" 하고 소리 지르잖아. 그 선생님이 바로 수업 시간마다 그 소리를 외치셨지. 자기가 강남에서 엄청나게 잘 나가던 교사인데 우리들을 가르치느라 이곳에 처박혀 있다면서 늘 푸념을 했어. 게다가 체벌하는 방식도 아주 재수 없었지. 목덜미를 손으로 "딱딱" 소리나게 때리면서 "그러게 선생님 말을 잘 들어야지!" 하면서 비아냥거렸거든. 자기도취에 빠져서 학생들을 무시하고 함부로 하는 교사. 나는 학생들이 왜 교사에게 그런 대우를 받아야 하는지 도무지 이해할 수가 없었어.

게다가 그 무렵 이랜드그룹에서 비정규직 직원들을 대량으로 해고하는 사건이 터졌지. 이 세상은 돈 있고 힘 있는 사람들이 지

배하는 것 같아 마음이 답답해지더라. 교사들도 힘과 권력을 가지고 우리들 위에 군림하는 경우가 많잖아! 물론 좋은 선생님들이 가뭄에 콩 나듯 있다는 사실은 인정해!

어하튼 그런 답답한 생각들이 머릿속에 꽉 차 있을 무렵 '아수나로! http://cafe.naver.com/asunaro!'를 알게 된 거야. '아수나로'는 학생 인권을 억압하는 것에 저항할 뿐 아니라 사회의 여러 문제에 대해서도 목소리를 높이고 있는 청소년 인권 운동 단체야. 청소년들이 결성해서 움직이고 있지. 주로 두발 자유, 체벌, 소지품 검사 등 학생들의 인권을 침해하는 문제에 대해서 반대하고 있어. 너도 기회가 되면 꼭 한번 들러 봤음 좋겠다. 그렇게 해서 시작한 인권 운동이 벌써 3년이나 됐네. 서당 개 삼 년이면 풍월을 읊는다는데, 나는 무엇을 했나 싶어 문득 반성을 하게 되는군. 흠흠…….

그래도 요즘 학생의 두발 자유 문제에 대해서는 인식이 많이 확산된 것 같더라. 그나마 다행이라고 생각하고 있지. 하지만 소지품 검사나 체벌 문제는 여전해. 게다가 이명박 대통령이 내놓은 교육정책 탓에 청소년들의 앞날은 더욱 깜깜하다는 게 따이루의 의견이야. 그놈의 '몹쓸 정책' 때문에 보충 수업, 자율 학습을 실시하는 데다 일제 고사도 보지, 영어 몰입 교육을 하겠다 하지…… 흠, 쓰다 보니 정말 어이가 없구나. 이런 암울한 현실을 보고 있으려니 청소년들이 좀 더 적극적으로 행동해야겠다는 생각밖에 안 든다.

너, 2008년에 서울시 교육감 선거 했던 거 알지? 그때 나는 한 줄기 희망을 걸었어. 여러 후보 중에 적어도 한 사람은 진정으로 청소년들을 위한 정책을 내놓을 거라고 생각했거든. 그중 한 사람은 '진보 진영 후보'라고 해서 살짝 기대를 했지. 그런데 그 후보 역시 학생 두발 자유 등에 대해서 확답을 안 하고 "함께 논의해 봐야 한다"는 식으로 답을 회피하더라. 나는 정말 좌절했어. 진보 진영에서조차 청소년들에게 힘을 실어 주지 않는 건 선거권이 없어서라고 생각해. 청소년들이 자기를 지지해 줄 수 있는 선거권자였다면 그렇게 무심했을까? 청소년들의 마음을 사려고 이야기도 듣고 정책도 만들고 했겠지. 그래서 나는 청소년들도 선거권과 피선거권이 있어야 한다고 생각해. 현재 만 19세라는 나이보다 더 낮아져야 해. 또 교육감 선거와 같이 우리 청소년들의 문제와 직결된 선거는 더욱 선거권의 폭이 넓어져야 하는 거 아닐까?

그런데 더 슬픈 일은 청소년들이 이런 문제에 대해 잘 모르고 관심도 없다는 사실이야. 학교가 많은 정보를 차단하고 있고, 학교에서 하라는 대로 따라야 하는 분위기니까. 하지만 학생들 스스로 관심을 갖지 않는 것도 문제지. 시키면 시키는 대로 하고, 때리면 맞고, 공부하라면 하고, 시험 보라면 보는 게 좀비지 사람이냐고. 나는 우리가 좀비는 되지 말았으면 좋겠어. 자기 스스로 생각하고 판단할 줄 모르는, 그저 시험에서 좋은 성적 얻으려고 다른 친구들을 짓밟는 그런 좀비가 되어서는 안 되잖아.

좀비로 사는 게 편한 건 사실이야. 앞에서도 말했지만, 어른들이 다해주거든. 그다지 머리를 굴리고 생각하고 판단할 필요가 없 잖아. 학교에서는 선생님이 시키는 대로 하면 되고, 집에서는 부 모님이 하라는 대로 하면 되니까. 어려운 일 생기면 부모님한테 말하면 되고, 학교에서는 선생님한테 말하면 되고 말이야. 게다 가 어른들은 종종 우리를 서로 경쟁시키고 뜯어먹게 만들지. 대 학이라는 관문을 통과하는 수는 정해져 있으니까. 그러기 위해 서는 친구도 짓밟고, 한 문제라도 더 맞혀야만 하잖아. 네 생각 에 그게 사람이라고 생각해? 좀비지 좀비.

그래서 나는 부디 이 글을 읽는 너부터라도 진짜 사람으로 살아 가기 위해 노력하길 바란다. 청소년 시절에는 입시 위주의 경쟁 을 하는 것이 아니라 미래를 위해 꿈을 꾸어야 한다고 생각해. 왜 전국의 청소년들을 성적순으로 등수를 매기고| 일제 고사 |, 아름 다운 우리말을 쓰지 못하게 하면서| 영어 몰입 교육 |, 공부하고 싶을 때 공부할 수 있는 자유를 주지 않는 걸까| 0교시 수업, 야간 자율 학습 |?

좀비가 되지 않기 위해서 우리가 적어도 두 가지 노력은 해야 할 거야. 하나는 주위에서 일어나는 모든 일에 의문을 갖는 것이고, 다른 하나는 무언가 잘못됐다는 느낌이 들 때 행동하는 거야. 투 표하지 못할 때 '난 청소년이니까 당연해' 하고 생각하지 말고 "왜?" 하고 묻는 거야. 그리고 의문이 들었을 때 관련된 정보를 찾거나 같은 생각을 하는 친구들을 찾는 등 직접 행동을 하라는 거지. 이 거대한 사회의 흐름에서 이런 작은 두 가지 방법으로 좀비가 되는 걸 막을 수 있겠냐고? 글쎄…… 나도 장담은 못해. 하지만 이런 작은 움직임들이 청소년들을 좀비로 만드는 바이러스가 확산되는 속도를 조금이나마 늦출 거라고는 확신한다.

나는 올해 무지 바쁠 것 같아. 우리 대통령 아저씨가 내놓으신 '몹쓸 교육정책' 덕분이지. 일정이 꽉 잡혀 있는데, 혹시 네가 이 글을 읽고 참여하고 싶은 집회가 있거든 언제든 참여해도 돼. 알았지? 집회에 나오면 무지하게 산만하게 떠들고 있는 나를 발견할 수 있을 거다. 꼭 와서 아는 척하는 것도 잊지 말고. 우리 그 때 또 만나는 걸로 하자. 그럼 따이루 님은 이만 퇴장.

무엇이 널 무릎 꿇리고 있니?

십대에 나는 무척이나 소심하고 어른들 눈치를 많이 보는 아이였어. 내가 무얼 원하는지 들여다보기보다는 어른들에게 예쁨받고 인정받는 데 연연했지. 간혹 고개가 갸웃거려지는 일들이 있더라도 '난 아직 어리고 배워야 할 게 많아. 너무 튀는 건 부담스러워. 그러다 선생님 눈 밖에 나면 어떻게 해. 세상이 이렇게 돌아가는 건 다 그럴 만한 이유가 있는 거겠지' 하고 생각했어. 이러면 금세 참을 만해지곤 했어.

이제 와 생각해 보면 참는다는 건 내 안의 목소리를, 내 안의 꿈틀거리는 역동을, 내 안의 양심을, 진정으로 친밀한 관계를 엮어 내는 힘을 억누르는 일이었어. 공부는 잘하지만 스스로 생각할 줄은 몰랐던 나, 친구가 부당하게 체벌을 받을 때 고개를 숙이고 침묵했던 나, 떠든 친구의 이름을 적어 내면서 내 이름은 적히지 않기를 바랐던 나, 엄마가 늦게 들어왔다고 아빠가 주먹질을 할 때 무서움에 떨며 오히려 엄마를 원망했던 나, 교원 노조를 만들었다는 이유로 쫓겨난 선생님과 친구들을 외면했던 나, 그래서 예쁨은 받았지만 정작 자신을 사랑할 수 없었던 나. 이것이 스무 살의 봄, 거울 앞에 선 작고 움츠린 내 모습이었어.

대학을 다니며 인권에 대해 알고 난 뒤 비로소 나 자신을 찾게 된 것 같아. 나를 침묵하게 만들고 죽여 왔던 내 안의 '착한 아이'를 버리고 나서야 비로소 나를 용서하게 되었어. '웅크린 나'를 일으켜 세우고 나서야 비로소 나를 사랑할 수 있게 되었어.

그리고 내가 누리고 있는 작은 자유와 평등마저도 부당한 관행과 법, 제도에 맞서 수많은 사람들이 저항한 끝에 얻어 낸 것이라는 걸 알게 되었지.

정의롭지 못한 법과 제도 따위를 공공연하게 거부하는 행동을 '시민 불복종', '불복종 직접행동'이라고 불러. 성경에서는 "태초에 말씀이 있었다"고 하지. 하지만 역사는 "태초에 행동이 있었다"는 것을 알려 주고 있어. 세상을 변화시켜 온 건 무수한 불복종 행동이 이어진 덕분이야. 불복종 행동은 순종을 강요하는 법이나 제도가 얼마나 정의롭지 못한지를 분명하게 드러냄으로써 사람들을 깨우치고 큰 물결을 만들어 내거든.

불복종에 관한 고전이라고 볼 수 있는 《시민의 불복종》을 쓴 헨리 데이비드 소로우는 19세기 말 멕시코 침략에 반대해 세금 내기를 거부했어. 내가 낸 세금이 부당한 전쟁을 위해 사용된다면 나도 일조하는 셈이 되니까. 그 일로 감옥에 간 소로우는 이렇게 말했어. "우리는 먼저 인간이어야 하고 그 다음에 국민이어야 한다. 법에 대한 존경심보다 먼저 정의에 대한 존경심을 길러야 한다." 그 후로도 소로우는 미국의 노예제 유지를 비판하며 불복종 행동을 계속 이어 나갔다고 해.

1996년 1월 29일 새벽 3시, 영국 여성 세 사람이 인도네시아로 수출할 예정인 전투기 안으로 몰래 들어가 가정용 망치로 기관총, 레이저 등 무기를 부쉈어. 그러고는 인도네시아군이 잔혹하게 살해한 동티모르 여성들과 어린이들의 사진을 붙이고 동티

모르의 정의와 평화를 요구했어. 그 바람에 이들 세 여성은 구속되었지만, 결국 무죄를 선고받았지. 이들이 파괴한 것은 평화를 위협하는 무기였거든. 이 일로 영국 사회는 먼 나라 동티모르에서 일어나고 있는 일들과 점령국인 인도네시아에 무기를 수출하는 영국 정부의 잘못에 대해 알게 됐어.

이처럼 불복종 행동에는 위험과 불이익이 뒤따를 수 있어. 정의롭지 못한 제도나 행동의 핵심을 찌르는 불복종일수록 더 큰 위험에 놓이곤 하지. 그런데도 왜 사람들은 불복종을 선택하는 걸까? 1950년대 가혹한 흑인 차별에 반대해 미국 몽고메리 주에서 시작된 버스 타기 거부 운동에 참여한 일흔이 넘은 흑인 할머니는 그 이유를 잘 말해 주었어. "내 두 다리는 지쳤지만 내 영혼은 편안하다."

이런 행동은 성인들만 할 수 있는 게 아니야. 1965년 미국 고등학교에 다니던 메리 베스 팅커와 다른 학생들은 베트남전에 반대하는 항의 표시로 검은색 완장을 차고 등교했어. 징계를 받을 것이라는 위협에도 굴하지 않고 다음 날에도 팅커와 친구들은 완장을 차고 등교했지. 학교는 이들에게 결국 정학 처분을 내렸어. 하지만 미연방 대법원은 학교에서도 정치적 표현의 자유가 있다며 팅커의 편을 들어주었어. 팅거는 이 사건을 회고하며 이렇게 말했어. "위대한 생각으로 사람들이 한데 뭉쳤을 때 어린 학생이지만 나도 중요한 역할을 할 수 있을 거라고 믿었어요. 어린 사람들의 의견을 존중해야 하고, 또 우리가 할 말이 있을 때 사람들은 들어야 해요."

프랑스에서도 잘못된 교육정책에 반대해 청소년들이 거리에서 시위하는 모습을 자주 볼 수 있어. 우리가 사는 이 땅에서도 다르지 않아. 부안 핵폐기장 건설, 대운하 건설 같은 환경 재앙을 초래할 국가정책이나 이라크의 평화를 파괴할 파병 결정 등을 반대하는 현장에서 열심히 활동하는 청소년들의 모습을 많이 볼 수 있어. 2008년 봄, 미국산 쇠고기 협상 결과에 반대하는 촛불 집회를 처음으로 연 것도 바로 청소년들이었어. 학생들을 죽음의 경쟁으로 몰아넣는 일제 고사 실시에 반대해 청소년들이 직접 시험 거부나 등교 거부에 나서고 있기도 해.

물론 불복종은 정부 정책에 대항하는 행동만을 의미하지는 않아. 압제는 정부만 독점하고 있는 게 아니니까. 학교, 거리, 아르바이트 가게, 심지어 가족 안에서도 인권과 민주주의를 억압하는 압제는 존재하잖아. 2004년 사립학교에서 벌어지는 특정 종교 강요에 반대해 1인 시위와 단식을 했던 강의석 학생, 2007년 교사가 휘두르는 몽둥이를 붙잡은 한 이름 없는 학생, 2008년 "사육이 아닌 교육을 원한다"며 학교 옥상에 올라가 종이비행기 시위를 벌였던 광명 진성고 학생들, 그리고 선도부 선배에게 맞아 목숨을 잃은 친구의 영정을 들고 거리로 나와 학교의 변화를 촉구한 강릉 K고 학생들, 모두가 이런 진실을 깨우쳐준 사람들이지. 이런 행동들 덕분에 학생 인권에 대한 관심이 높아졌고, 또 학교를 변화시키는 거름이 되고 있어.

청소년이 불복종 행동을 할 때는 어른들보다 더 큰 부담을 감수해야 하는 것 같아. 학교에서는 징계를 당할 수도 있고, 집에서는 부모님이 외출을 금지하거나 용돈을 끊어 버릴 수도 있어. 공부에만 전념하고 있는 다른 친구들을 보며 왠지 불안해지기도 할 거고. 불복종의 이유를 아무리 조곤조곤 잘 설명해도 잘난 척한다, 어린 게 까분다, 싸가지 없다, 괜히 분란만 일으킨다는 비난을 받을 수도 있고. 분명히 자신이 결정한 일인데 배후에서 시키는 사람이 있다는 의심을 받기도 해. 우리 사회는 청소년들도 생각이 있고 스스로 결정할 수 있다는 걸 도무지 믿고 싶어 하지 않는 사람들로 가득해. 그래서 아무리 작은 것이라 할지라도 청소년이 소신 있게 행동하는 것은 정말 쉽지 않아. 그래서 '오늘만, 내일만, 올해만, 내년만, 스무 살 될 때까지만 참자'는 유혹의 목소리가 자주 올라오곤 하지.

　　하지만 우리는 알아. 나를 사랑하지 않는 사람, 자기를 귀하게 여기지 않는 사람은 결코 행복해질 수 없다는 걸. 내일이 되면 좋아질 것이라는 생각으로 '지금'을 포기하는 한 우리가 원하는 변화란 결코 오지 않는다는 걸. 존엄을 포기하고 무릎 꿇는 한, 우리는 사람이 아니라 유령으로 존재할 뿐이라는 걸. 공포가 양심을 짓누르는 사회에서는 영혼이 숨 쉴 수 없다는 걸…….

　　지금 네 영혼은 평안하니? 넌 무릎 꿇지 않고 당당히 서 있니? 아니라고? 네 위에 군림하고 있는 존재가 보이니? 그럼 지금이 바로 행동할 때야.

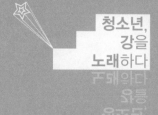

청소년,
강을
노래하다

강을 만나 강을 사랑하게 된 '강강수월래'

혹시 '강강수월래'란 이름을 듣고 웃은 건 아니지? 가끔씩 웃는 친구들이 있더라고. "너희들 무슨 강강수월래 도냐?" 이러면서. 발음이 똑같으니 그럴 수도 있지만, 혹시 강강수월래의 뜻을 잘 몰라서 그런 건 아닐까? 이렇게 만났으니 그 얘기부터 해야겠는걸.

원래 강강수월래는 한자로 '强羌水越來'라고 써. 임진왜란 때 적군에게 우리 군사의 숫자가 많아 보이도록 부녀자들이 함께 손을 맞잡고 강강수월래를 외치면서 빙빙 돌았던 데서 유래했대. '주위를 경계하라'는 뜻이래. 하지만 강강수월래단의 한자는 '江江水原來'라고 써. 강 ㅣ江ㅣ을 원래ㅣ原來ㅣ대로 보고 느끼고 깨닫자는 의미에서 강강수월래라고 이름 붙였어. 그럴듯하지? 강강수월래단은 이름처럼 강줄기를 따라가며 강을 보고 느끼고 연구하고 탐험하는 친구들이라고 생각하면 돼. '청소년 강 탐험대'라고 하면 더 이해하기 쉽겠다.

나는 강강수월래의 디딤돌 백동훈| 18세 |이야. 디딤돌은 강강수월래의 단장인데, 우두머리 노릇을 한다기보다 단원들 사이의 소통을 원활하게 하는 일을 하지. 그래도 우리가 무슨 일을 했는지 머릿속에 잘 그려지지 않지? 그럼 내가 지난 48일간 걸어 온 우리의 순례를 다시 한번 보여 줄게.

한반도 대운하 예정지에 가다

맨 처음 강을 따라 걷자고 생각한 건 아주 기분 좋은 사건에서 비롯된 건 아니었어. 2007년 말 대통령 선거에 당시 후보로 나선 이명박 후보가 내건 다소 '황당한' 공약 때문이었으니까. 바로 '한반도 대운하 건설'이야. 쉽게 말해, 한강과 낙동강을 이어서 수로를 만들겠다는 얘기지. 사실 이 얘기가 처음 나왔을 때 몇몇 환경 운동 단체들을 빼고는 그렇게 심각하게 생각하지 않았어. 왜냐하면 대통령으로 당선되기 전이었으니까.

그런데 바로 그 이명박 후보가 대통령에 당선됐어. 문제는 그때부터였어. 본격적으로 운하 건설을 준비하고 나선 거지. 대운하를 만들기 위해서는 한강과 낙동강을 이어야 한다는 거야. 수십 킬로미터에 달하는 땅을 파헤쳐 물길을 만들어야 한다는 뜻이지. 환경 단체뿐 아니라 이 운하의 위험성을 반대하는 사람들이 많이 생겼어. 인위적으로 물길을 만드는 과정에서 수많은 문화재가 물에 잠기고 생태계가 파괴되기 때문이야. 운하 때문에 파괴되는 생태계 문제는 생각보다 훨씬 심각해. 그러면 이명박 대통령이 추진하고 있는 한반도 대운하를 간단히 설명해 볼게.

운하를 건설하기 위해서는 배가 다닐 수 있는 물을 가두는 댐을 건설하고 하천 바닥을 파서 수로를 만들어야 해. 그런데 이 두 가지 방법은 모두 생태계를 파괴하는 주범이지. 수로를 내기 위해 땅바닥을 파내면 하천 생태계가 파괴되고, 댐을 건설하면 수질이 악화되거든. 그래서 물길을 만드는 운하 건설은 하천 생태계에 치명적이야. 하지만 정부는 꿈쩍도 하지 않더라. 너도 아마 텔레비전을 통해 많이 봤을 거야. 그때 운하를 비판하는 여론이 꽤 많았잖아. 인터넷에도 운하에 대한 논쟁들이 심심찮게 불거지곤 했는데, 기억하지? 우리가 나서야겠다고 생각한 것도 그 무렵이었어.

정부가 어른들의 얘기에 귀 기울이지 않는다면 청소년들이라도 나서자는 거였지. '청소년들이 한반도 운하 예정 지역을 걸으면서 그 지역의 생태계, 역사, 환경, 문화를 우리 목소리로 알려 주자. 그러면 정부가 조금 더 귀를 기울이지 않을까?'라고 생각했어.

다행히도 아주 많은 대안학교와 환경 단체 등이 우리의 이런 계획을 반겨 주었어. 강강수월래에 대해 구체적인 계획을 세울 무렵에는 많은 어른들이 우리를 지원하겠다고 나서 주셨어. 너도 알지? 누군가 내가 하는 일을 잘한다고 격려해 주면 마음이 괜히 든든하고 뿌듯해지잖아. 간디교육연구소, 대안교육연대, 전국교직원노동조합, 전국역사교사모임, 환경운동연합, 생태지평연구소 등이 도와주었어. 무척 많지? 처음 들어 보는 낯선 단체들도 있겠지만 너도 알아 둬. 언젠간 다시 또 듣게 될 테니까.

그리고 더 놀라운 사실은 참여하겠다는 친구들이 꽤 많이 모였다는 거야. 나는 50일 가까이 되는 기간을 걸어서 가야 하는데 힘들어서 누가 하려고 할까 생각했지. 그런데 신청이 마무리 되고 나서 더 크게 놀랐어. 무려 26명이나 되는 친구들이 강강수월래 단원이 되겠다고 신청한 거야. 뿐만 아니라 강강수월래의 일정 중간에 합류해서 함께 걷겠다고 나선 친구들도 무려 20여 명이나 됐어. 그때 생각하면 지금도 마음이 뿌듯해진다. 우리가 뭔가 할 수 있겠다는 생각에 가슴이 막 부풀었지.

그리고 어느새 4월 14일, 48일 동안의 긴 순례가 시작됐어. 출발지는 한강이었어. 발대식에 많은 분들이 와서 축하해 주셨어. 특히 가수 홍순관 아저씨의 공연은 얼마나 멋졌는지 몰라. 현수막에도 멋진 글귀를 남겨 주셨지.

꽃 한 송이 핀다고 봄인가요. 다 함께 피어야 봄이지요. 실개천 모두가 살아나야 강도 바다도 이루어지지요. 강강수월래단 모두가 귀한 꽃이에요. - 홍순관

우리가 발대식을 한 한강 둔치에는 강서습지생태공원이 있어. 방화대교와 행주대교 사이, 한강의 가장 서쪽에 있는 공원이지. 인공 콘크리트 제방을 설치하지 않아 한강 물이 자유롭게 드나들어서 자연스럽게 습지가 생겼어. 수생식물들이 살기 좋은 곳이

다 보니 논병아리, 민물가마우지, 큰기러기, 알락오리, 쇠오리 등 많은 새들이 찾아오고 있어. 또 철마다 아름다운 야생화도 볼 수 있어. 우리는 이 멋진 강변을 자전거로 달리면서 순례를 시작했어. 때는 바야흐로 유채꽃 철이어서 강바람에 실려 오는 강물 냄새와 유채꽃 향기에 취해 자전거 페달을 힘차게 밟았지. 그렇게 38킬로미터를 달리고 나자 순례의 첫날이 저물었어. 우리는 그 길로 하남까지 달려서 '하남꽃피는학교'에서 첫날 밤을 보냈어.

그림 같은 길을 버릇없이 걷다

사실 순례를 마치고 난 지금에서야 하는 말이지만, 처음 얼마간은 얼떨결에 그냥 무작정 걸었던 것 같아. '한반도 대운하 예정지의 생태, 역사, 문화 등을 알리겠다'는 야심 찬 포부를 가지고 떠났지만, 날마다 10킬로미터에서 20킬로미터를 걷기란 정말 만만치 않더라. 더구나 강을 보고 느껴야 하는데 발이 부르터 걷기조차 힘들어 머리가 멍하기만 했어. '내가 왜 걷고 있지? 이렇게 힘들게 걷는 것이 어떤 의미가 있지? 강에서 무엇을 느껴야 하지?' 이런 질문들이 머릿속에서 몽글몽글 떠오르곤 했어. 나뿐만 아니라 다른 친구들도 사정은 마찬가지였던 것 같아.

한강을 따라서 걸었다. 가는 길에 숭어 몇 마리와 죽은 물고기를 보았는데, 강물의 수질은 한 3급수로 보일 정도로 물이 오염되어 있었다. 아마도 대운하가 완공되고 나면 수질이 더 나빠지겠지. 한강에는 물고기가 살 수 없을지도 모른다. 이런 상태로 가다 보면 먼 미래에는 진짜 '괴물'이 탄생할 수도 있지 않을까 싶다. 12시쯤에는 신발과 양말을 벗고 맨발로 길을 걸었다. 자연을 느끼라고 하는데, 나는 자연을 느낄 수 없었다. 오히려 노래기가 내 발에 밟힌 것 같았다. 어디까지나 느낌이지만. -자칭천재(순례 2일째 일지 중에서)

강강수월래 친구들에겐 걷는 것도 힘들었지만 밤에 잠을 편히 잘 수 없는 것도 무척이나 힘들었어. 하루 이틀 정도라면 텐트 치고 자는 것도 재미있을 거야. 하지만 한 달 넘게 하다 보니 정말 힘들더라. 게다가 날까지 더워지기 시작하면서 온몸이 땀에 절기 일쑤였어. 또 강을 따라 걷다 보니 밤이면 하루살이가 달라붙어 끔찍했어. 강강수월래 친구 중 한 명은 농담처럼 "순례 기간은 온몸에서 땀 냄새가 나고, 머리에는 하루살이가 살고, 옷은 더러울 대로 더러워진 순간들이었다"고 표현하기도 했어.

겨우 3일째다. 그런데 내 몸과 애들의 상태는 이미 후반부를 지나가고 있는 상태다. 차라리 몸이 힘들면 더 나을지도 모르겠다. 정신이 힘드니 뭐라 말도 못하고, 치료를 할 수도 없고, 잠을 자고 싶어도 잘 수 있는 시간이 많지 않다. 그러다 보니 걸을 때 자꾸 졸았다. 눈을 정말 게슴츠레 뜨고 비틀비틀 걸었다. -예진(순례 3일째 일지 중에서)

낮에는 너무 덥고 밤이 되면 너무 추웠어. 산속에서 자기도 하고 역 부근에서 야영을 하기도 했어. 사정을 잘 모르는 사람이 보면

왠 학생들이 떼로 몰려다니는 것이 궁금했을 것 같아. 그나마 성당이나 교회, 학교에서 잠을 자게 되는 날이면 강강수월래 친구들은 너무 좋아했지. 지붕이 있는 따스한 건물 안에서 잔다는 사실만으로도 신이 나서 잠자리에 들곤 했어. 지금 생각해 보니 왠지 친구들이 안쓰러워진다. 하지만 걷기와 추위만이 강강수월래 친구들을 힘들게 한 건 아니었어. 정말 힘든 건 이 긴 순례의 시간을 누군가와 '함께'해야만 한다는 사실이었지.

강강수월래 친구들은 모두 순례 기간 동안 적어도 한 번씩 큰 홍역을 치러야만 했어. 한 번씩 자기만의 힘겨운 고비를 넘겨야 했다는 말이지. 지금껏 살아오면서 단 한 번도 이토록 오랜 시간 낯선 사람들과 함께 걸어 본 적이 없었거든. 너라면 어떨 것 같아? 가족이 아닌 낯선 친구들과 50여 일 가까운 시간을 함께 먹고, 자고, 걷고, 나눈다는 것이 그리 쉬울 것 같진 않지?

우리들 모두 그랬어. 티격태격하거나 다른 사람을 배려하지 않았고, 이기적으로 돌변하기도 했어. 언제나 아주 사소한 일 때문이었어. 하지만 작은 것들이 가장 중요할 때도 많잖아. 예를 들면, 텐트를 칠 때 늘 치는 친구들만 치고 어떤 친구들은 손도 대지 않거나, 우리의 끼니를 챙겨 주기 위해 물심양면 애쓰시는 어른들을 아무도 도와 드리지 않거나 했을 때야. 순례 기간 동안 물이 워낙 귀하다 보니 강강수월래 친구들 모두 발우공양¹ 자신의 밥그릇을 비운 뒤 물로 헹구고 그 물도 마시는 스님들의 식사 예의 l을 하기로 했거든. 그런데 귀찮아서 은근슬쩍 물에 헹궈 버리는 친구들도 있었어. 환경을 생각해 일회용품을 사용하지 않기로 했는데 가는 길마다 일회용품을 사용하고 버리기도 했지. 부끄러운 얘기지. 물론 나도 마찬가지였어. 내 몸이 힘드니까 나밖에는 잘 보이지 않더라고.

19일 동안 강을 따라 걸으며 이것저것 힘든 일도 많았다. 난 그동안 너무 편하게 살았나 보다. 집에서 부족한 것 없이 전기와 물을 팍팍 쓰는 생활에 적응된 몸으로 발우공양을 하고 잘 씻지도 못해서 지쳐 있었는데 이젠 어느 정도 적응이 되어 간다. 몸은 적응이 되지만 아직도 텐트를 개지 않거나 몰래몰래 설거지를 하는 사람이 눈에 띄면 아니꼽고 화가 난다. 이런 공동체 생활에서는 서로 배려하는 것이 가장 중요한 것 같다. 서로 배려하지 않으면 모든 질서가 무너진다. -성희(순례 19일째 일지 중에서)

다들 그랬겠지만, 나는 나 자신과 다른 친구들에게 많이 실망했어. 아마 우리를 지켜본 몇몇 어른들도 그렇게 생각했을 것 같아. 하지만 이런 모습이 강강수월래 친구들의 전부는 아니었어. 시간이 지나면서 조금씩 다른 모습을 보여 주기 시작했거든. 우리들은 순례 기간 중 수시로 회의를 하고 토론을 했는데, 이 시간을 통해 자신들의 모습을 반성하기 시작한 것 같아. 이건 내 생각이지만, 굳이 회의나 토론이 아니어도 자연스레 자신의 모

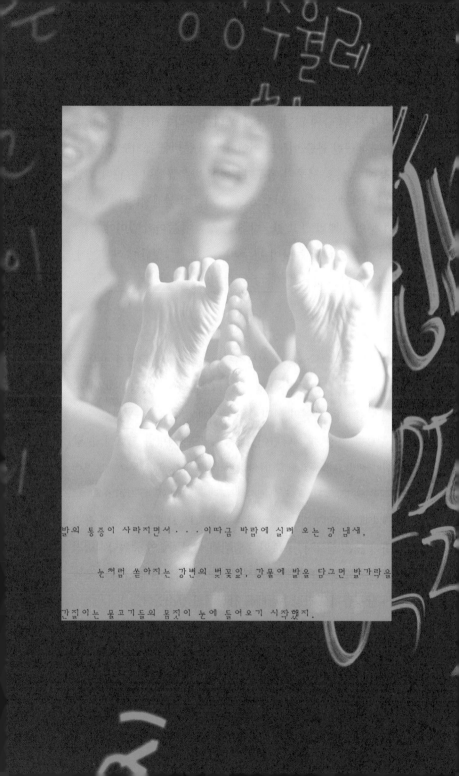

발의 통증이 사라지면서...이따금 바람에 실려 오는 강 냄새,

눈처럼 쏟아지는 강변의 벚꽃잎, 강물에 발을 담그면 발가락을

간질이는 물고기들의 몸짓이 눈에 들어오기 시작했지.

습을 보게 되지 않았을까 생각해. 강을 따라 걸으며 본 자연 속에서 아마도 친구들은 자연스럽게 깨달음을 얻었던 것 같아.

쓰레기 한 번 줍지 않던 친구가 쓰레기 분리수거를 도맡아하고, 아침에 피곤한 몸을 이끌고 일어나 식사 준비를 돕기도 했어. 슬쩍 물에 그릇을 헹구던 친구가 "이젠 발우공양이 습관이 되었다"며 너스레를 떨 때, 나도 모르게 가슴이 찡해지더라. 우리가 진짜 무언가 배워 가고 있구나 하는 생각이 들어서 말이야. 지금도 그 생각을 하니 눈물이 핑 돈다. 그런데 그뿐만이 아니었어. 변화는 또 다른 곳에서도 시작되고 있었거든.

문득 강이 눈에 들어왔다

우리는 순례를 하며 운하 건설이 시작된다면 물에 잠길 마을들, 문화재, 습지 그리고 여러 동식물들을 보았어. 또 강을 따라 이어진 아름다운 자연의 생명력을 간직한 공간을 보는 일도 순례의 중요한 일정 중 하나였어. 섬의 놀라운 생명력을 보여 준 당정섬| 1986년부터 9년 동안 골재를 채취하느라 동서 2.3킬로미터, 남북 1.25킬로미터의 커다란 은빛 모래 섬이 1995년에는 흔적도 없이 사라졌다. 그러나 철새들이 이곳에 찾아들면서 당정섬은 다시 아름다운 '섬'이 되어 가고 있다 |이나 운하를 건설하게 되면 물에 잠길 위험이 높은 신륵사, 충주의 중앙탑과 국보 6호인 중원탑평리칠층석탑, 그리고 그 밖에 세계적인 습지로 알려진 창녕의 우포늪이나 달성습지도 강강수월래를 감동시킨 장소였어.

그 무렵 문득 강이 눈에 들어오기 시작했던 것 같아. 발의 통증이 점차 사라지면서 우리가 걷고 있는 길이 정말 아름답다는 생각이 들었어. 이따금 바람에 실려 오는 강 냄새, 눈처럼 쏟아지는 강변의 벚꽃잎, 강물에 발을 담그면 발가락을 간질이는 물고기들의 몸짓이 눈에 들어오기 시작했지. 강을 따라 걷고 있다는 사실이 정말 행복했고 이 아름다운 자연을 꼭 지키고 싶다는 마음이 들었어.

우리가 순례를 하면서 자신과 대면하고 그것을 넘어선 순간, 자연은 두 팔을 활짝 벌리고 우리를 기다리고 있었나 봐. 강강수월래 친구들은 모두 다 이렇게 아름다운 강과 자연을 지켜야겠다는 마음이었을 거야.

나만 자연을 느끼자고 온 것이 아니다. 내 딸, 아들, 손자, 손녀, 그 뒤의 뒤 내 핏줄들에게 내가 보고 있는 이 멋진 자연, 바람 냄새, 풀 냄새, 강 냄새, 바다 내음을 맡을 수 있게 해주어야 한다. – 노디(순례 10일째 일지 중에서)

이런 감동은 강강수월래 단원들만 느낀 건 아니었어. 1박 2일, 혹은 2박 3일간 강강수월래의 일원이 되어 참가한 구간 참가자들 역시 느꼈어. 그중 재미있는 편지로 많은 사람들에게 웃음을 주었던 규호의 글을 소개할게. 난 이 글을 보고 얼마나 웃었는지 몰라.

아버지께.

아버지, 아들입니다. 왜 이명박을 지지하셨나요? 지금 제가 아버지 덕분에 여기서
정말 열심히 걷고 있습니다. 비록 3일이지만 제가 열심히 보고 느낀 강은 너무 아
름답고 장엄했습니다. 그런 강을 겨우 돈 때문에 죽여야 되는 겁니까? 대운하는
강을 흐르지 못하게 하고, 그곳에 살고 있는 정말 많은 생명을 죽여 생태계를 파괴
합니다. 그리고 아버지가 그렇게 중요하게 생각하시는 돈! 대운하 만드는 돈도 결
국 저희의 세금으로 충당하는 겁니다. 아깝지 않으세요? 아버지, 제발 사태의 심각
성을 알아주세요. 그럼, 마저 걷고 좀 있다 뵙겠습니다. 돌아가면 치킨 사주세요.
걷고 있는 아들 올림.

우리는 강의 아름다움과 자연의 소중함을 알아 갈수록 대운하
의 심각성에 대해서도 느끼기 시작했어. 그런 이야기들은 주로
회의나 토론 등 다양한 프로그램을 통해 나누었어. 특히 대운하
에 대해서는 회의 시간에 각자 정치적인 입장을 밝혔는데, 다양
한 이야기들이 오갔지. 강강수월래 친구들은 대부분 운하에 반
대했어.

지원이는 "자연스럽게 흐르는 강을 없애겠다는 발상은 인간의
이기심에서 나온 것"이라면서 운하 건설에 반대했어. 혜지는
"평화란 홍순관 선생님이 말했듯이 나무가 나무의 숨을 쉬고 흙
은 흙의 숨을, 강은 강의 숨을 쉴 수 있도록 해주는 것"이라면서
운하는 절대 안 된다고 목소리에 힘을 주기도 했지. 긴 시간 운
하에 대해 이야기를 나눈 뒤 우리는 마지막에 강강수월래단 전

체의 의견을 정했단다.

"강강수월래단은 2008년 5월 19일 21시 54분에 전체 순례단의 만장일치로 한반도 운하를 반대하기로 결정했습니다."

의장이 우렁찬 목소리로 공표하는 것으로 긴 회의가 끝났어. 만약 우리가 오랜 시간 순례를 하지 않았다면 만장일치로 운하 건설에 반대할 수 있었을까? 아마 막연히 하지 말아야 한다고 생각했지 이렇게 목소리 높여서 온 마음을 다해 운하 건설에 반대하지는 않았을 거야. 어쨌든 우리는 오랜만에 한목소리가 되어 의견을 수렴했고, 그날 밤 간만에 깊고 편한 잠을 잤어.

미안

항상 같은 곳에서 / 같은 속도로 흐르고 / 아무런 소리가 없어서 / 모르고 있어서 / 관심이 없는데 / 핑계일지도 몰라 / 미안해 / 핑계도 무관심도 / 모두 다 −솔비

(강강수월래단 시 쓰기 중에서)

48일간의 순례, 그 후

강강수월래의 48일간의 여정이 끝난 뒤로 시간이 훌쩍 지났다. 2008년 5월 31일에 긴 여정을 끝냈거든. 참, 시간이 빠르다. 순례하는 중간에 각 지역에서 여러 문화제l 여주 신륵사 청소년 강변문화제, 충주 수주팔봉 청소년 시화전, 강강수월래 대구문화제 l를 열었지만, 무엇보다 부산 문화제가 제일 기억에 남아. 아마 순례의 마지막 날이라서 그랬겠지. 우리는 긴 순례 여정을 마치고 부산 디자인센터에서 문화

강
강
수
월
래

51

제를 열었어.

강강수월래의 시작부터 마지막 여정을 담은 영상도 보여 주고, 우리의 든든한 지원군인 홍순관 아저씨가 노래 공연도 했어. 그 밖에 하자작업장학교 친구들, 우다다학교 친구들이 멋진 공연도 해주었어. 마지막에 완주패를 받는데 정말 눈물이 나오더라. 뿌듯하기도 하고 미안하기도 한 그런 마음이었지. 우리는 한 것도 없는데, 그냥 강을 만나고 왔을 뿐인데, 우리가 왜 상패를 받아야 하지. 강은 그대로인데, 저렇게 소리 없이 흐르고 있는데…….

일정을 마치고 각자 집으로 돌아간 뒤, 강강수월래 친구들은 몇 차례 만났고, 온라인 회의도 했어. 왜냐하면 순례를 마쳤다고 우리가 해야 할 일이 끝난 거라고 생각하지 않았기 때문이야. 우리의 순례는 부족한 점이 참 많았던 것 같아. 우리들의 성숙하지 못한 태도나 자세도 그랬지만, 온전히 청소년들의 힘으로 해내지 못했던 것이 가장 마음에 걸려. 처음에는 "청소년들 스스로 하겠다!"고 목소리를 높였어. 하지만 실제로는 어른들의 도움을 받지 않고는 진행할 수 없었던 일들도 많아. 친구들도 이 점에 동의해. 그래서 다시 한번 잘 해보자며 조심스레 '강강수월래 2기'를 준비하자는 얘기도 나오고 있어. 우리들의 활동이 메아리 없는 외침이 되지 않기 위해서는 지속적인 행동이 필요하니까 말야.

이명박 대통령이 "국민들이 원하지 않으면 운하 건설을 하지 않겠다"는 아리송한 말을 남기긴 했지만, 우리 강강수월래 친구들은 대부분 운하 건설 계획이 완전히 백지화되지 않으면 믿을 수 없다고들 말해. 나 역시 그렇게 생각하고 있어. 어쩌면 우리가 바라던 대로 정말로 운하 건설이 전면 백지화되는 날이 올지도 모르겠다. 아니, 꼭 그렇게 되어야겠지. 하지만 그렇게 된다 하더라도 여전히 우리가 해야 할 일은 있을 것 같아. 우리 주위의 수많은 환경 문제들을 보면 말이야.

지금 내가 바라는 것은 단 한 가지야. 이번 강강수월래를 계기로 더 많은 청소년들이 사회문제에 자신들의 목소리를 내고 주인으로 당당히 섰으면 하는 거야. 어른들이 기회를 줄 때까지 기다리는 게 아니라 우리가 먼저 나설 수 있는 용기를 가졌으면 정말 좋겠다.

48일간 수고한 우리 강강수월래 친구들에게 고맙다는 말을 전하면서 이만 이야기를 줄일까 해. 긴 이야기 들어준 너도 정말 고맙다. 다음번에는 너도 현장에서 만날 수 있길 기대할게. 참, 시간 있을 때 'http://songriver.tistory.com'에 놀러 와. 강강수월래의 좀 더 따스하고 생생한 목소리들을 만날 수 있을 거야.

2008년 '생명의 강을 모시는 사람들' 순례단 **강** **은** 의 일원으로 한강, 낙동강, 영산강, 금강 등 4대 **감동**이 야 강 줄기를 따라 걸었습니다. 그 여정에서 우리 사회가 잃어버린 자연을 찾아서 스스로 자연이 되고자 하는 강 강수월래 친구들을 만났습니다. 인간에게 버려졌으나 스스로 회 복하고 있는 당정생태공원의 버들강아지, 여주 바위늪구비와 홍 원창이 주는 아름다운 장관에 넋을 잃고 서서 소리치면서 그 친 구들을 보았습니다. 한반도 운하가 만들어지면 물에 잠길 충주 싯계자연보호구역과 수주팔봉, 문경 고모산성의 토끼비리길과 남지의 개비리길, 공주 파진산길, 상주 경천대와 구미 해평습지 의 빛나는 강변 모래밭에서도 그들을 만났습니다.

수천 년 동안 말없이 우리에게 생명수를 공급해 주고, 실핏줄 처럼 마을과 마을을 이어 주며 문화와 역사를 만들었던 강. 하지 만 근대화라는 이름 아래 강은 처연한 모습으로 변해 버렸습니 다. 그 모습이 생경했고, 그 길을 따라 걷는 강강수월래 친구들 도 생경했습니다. "우리가 마시는 물이 어디서 왔을까?" 하고 물 으면 "수도꼭지"라고 대답하는 아이들이 사는 세상에서, 말 없 이 흐르는 강을 따라 길을 나선다는 것 자체가 어려운 일일 테니 까요.

낙동강 하구의 폐수를 바라보면서 "낙동강은 썩었다"고 주장 하는 사람들은 낙동강 7백 리 곳곳에서 전해 오는 수많은 전설과 아름다움을 모를 것입니다. 둑으로 막혀 바다와 단절된 영산강

하구를 바라보며 "영산강은 썩었다"고 주장하는 사람들도 영산강의 발원지인 용소와 아흔아홉 구비, 열두 골의 감동을 모를 것입니다. 한강과 금강도 다르지 않습니다. 이렇듯 강에는 우리가 잊고 살아왔던 수많은 감동이 있습니다. 도시의 쳇바퀴 같은 삶 속에서 느끼지 못하는 감동, 부를 모든 판단의 기준으로 삼고 살면서 잊었던 감동, 경쟁으로 인해 타인과 자신을 소외시키는 삶에서는 찾을 수 없는 감동이 있습니다.

강에는 물만 흐르는 것이 아닙니다. 강을 터전으로 삼아 살아가는 수많은 뭇 생명이 있습니다. 드넓은 강변 모래밭에는 시베리아와 호주를 오가는 철새들의 자취가 오롯이 아로새겨 있고, 앙상하게 남은 수풀에는 사람 발자국 소리에 놀라 제 몸 가리기에 바쁜 고라니들이 있습니다. 강물과 자갈, 바위, 모래, 갈대 등이 만나 이러한 강의 생명체들을 만들어 낸 것입니다.

한반도 운하라는 생각 자체가 죄스러울 정도의 아름다움과 생명이 강을 따라 흐릅니다. 강이 주는 평화를 한반도 운하라는 이름으로 훼손할 수는 없습니다. 자연이 인간에게 주는 감동도 경제적 가치 앞에서 쓸모없는 것으로 여겨지는 세상이 서글플 뿐입니다. 감동을 주지 못하고 감동을 받지 못하는 사회와 삶은 올바르지 않습니다. 아무리 바쁘더라도 우리가 잊었던 시간과 공간을 다시 찾아야 할 때입니다.

강강수월래 친구들은 한반도 운하라는 낯선 이름으로 강을 만났습니다. 하지만 그들은 하루하루 우리 강산의 아름다움에 경이로움을 느끼고 감동을 받았습니다. 겹겹이 쌓인 산을 돌아 나오는 한강의 바람 소리와 거기에 실려 오는 사람들 이야기, 달래강을 따라 살아가는 자연을 닮은 사람들의 이야기, 낙동강 넓디넓은 강변의 금빛 은빛 모래밭에서 느꼈던 장엄함 그리고 그곳에 묻어 놓은 삶의 무게와 예스러운 추억을 이야기하던 사람들, 영산강 하늘 위로 쏟아지던 별빛들, 금강 강바닥에 기록되어 있던 역사와 문화. 그 어느 곳에서든 강변 갈대가 흔들리며 기록해 두었던 바람의 시간과 역사를 만났습니다.

바위늪구비, 홍원창, 싯계자연보호구역, 수주팔봉, 고모산성, 토끼리비리길, 경천대, 개비리길, 몽탄의 이산리, 식영정, 용소, 관방재림, 파진산실……. 누구도 말하지 않지만 반드시 기억해야 할 우리의 산하입니다. 청소년들이 이 이름들을 한반도 운하로부터 지키는 것을 넘어, 자연을 품고 자연을 닮은 사람으로 살아가길 기대합니다. 자연을 닮은 사람들이 많아지면 우리 사회역시 자연을 닮아 갈 것입니다.

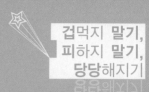

겁먹지 말기,
피하지 말기,
당당해지기

'땡'들의 행복한 세상을 꿈꾸는 리인

나는 그날 진짜 놀랐어. 걔들이 도시락까지 까먹고 낄낄댈 거라고는 생각도 못했거든. 그것도 남들이 다 보는 공원에서 말이야. 그런데 거기에 참석한 애들이| 아마 40명은 족히 됐을걸? | 다른 사람들 시선은 아랑곳하지 않고 진짜 재미있어 하더라고. 얼마나 뿌듯했는데. 아직도 그날 생각하면 기분이 좋아진다.

그런데 넌 무슨 얘긴지 잘 모르는 표정이다. 아! 미안, 미안. 내 정신 좀 봐. 넌 잘 모르겠구나. 네가 이해 좀 해주라. 먼저 내 소개부터 할게. 내 이름은 리인이야. 원래 본명이 있지만 모두 리인으로 부르니 너도 그렇게 불러 줘. 나이는 열아홉. 올해 대학교에 입학했어. 성격은 화끈한 편이고, 사람들하고 어울리기 무지 좋아해. 춤추고 피아노 치고 음악 듣는 거 좋아해. 이 정도면 간단하게 내 소개를 마쳐도 될 것 같은데. 아! 한 가지 더. 이건 너한테 좀 낯설 수도 있겠다. 나, 레즈비언이야.

알지? 레즈비언. 동성애자라고도 하고 요즘에는 성적 소수자라고도 불러. 성적 소수자란 인권 개념에서 접근한 말이라고 볼 수 있지. 같은 여성끼리 사랑하는 이들을 레즈비언이라고 부르고, 남성끼리 사랑하는 이들을 게이라고 불러. 물론 여성과 남성을 모두 사랑하는 양성애자인 바이섹슈얼도 있지만, 그건 일단 넘어가자. 앞의 설명에서 한 가지 사실을 알 수 있지? 바로 내가 여자라는 사실! 자, 나에 대해 궁금한 게 많겠지만 그건 차차 풀게. 그럼 아까 처음 했던 이야기로 돌아가 볼까?

얼마 전에 '신공축제'가 열렸어. 처음 들어 보지? 아마 그럴 거야. 넌 '신공'이란 말도 모를 테니까. 신공은 신○○○○○○공원의 줄임말이야. 이름이 너무 길어서 우리들끼리는 신공이라고 줄여서 불러. 신공축제는 십대 레즈비언들의 축제야. 이번이 1회인데, 레즈비언들이 모여서 공연도 하고 각자 장기 자랑도 하면서 함께 논다고 생각하면 돼. 뭐 축제가 별 거 있니? 잘 놀면 그만이잖아. 하하.

나도 신공이란 말을 몰랐어. 중학교 때 처음 신공이란 말을 들어 봤어. 어느 날 친구가 "야, 너 신공 알아?" 하고 묻더라. 그래서 난 "아니, 처음 들어 보는데" 그랬더니 그 친구가 "야, 넌 띵|¹ ⁱ이면서 그것도 몰라?" 그러더라고. 그 친구 이야기는 어떤 공원이 있는데 그곳이 바로 신공이래. 거기에 가면 레즈비언 친구랑 언니들이 무척 많다는 거야. 난 두근거리는 마

¹ 십대 동성애자를 가리키는 은어

음으로 신공에 갔어. 정말 레즈비언들이 있을까……. 그런데 이게 웬일이니? 정말 레즈비언 친구들과 언니들이 잔뜩 모여 있는 거야. 이게 웬 천국인가 싶더라.

학교에서는 외로웠어. 내가 동성애자라는 사실을 아는 친구들이 별로 없어서 괴롭힘을 당하지는 않았어. 하지만 동질감을 느낄 만한 친구가 없으니까 무지 외롭더라. 너도 그런 기분 아는지 모르겠다. 나를 이해해 주는 친구가 한 명도 없는 기분 말이야. 그런데 신공에서는 달랐어. 나와 똑같은 레즈비언들을 만나서 수다도 떨 수 있었어. 그런 장소가 있다니, 나에겐 정말 천국 같았지. 그 이후로 계속 신공에 갔던 것 같아. 주말에는 대부분 그곳에서 시간을 보내곤 했어. 2001년부터 신공에 레즈비언들이 모이기 시작했대. 신공은 레즈비언들에게는 자유와 소통의 장소였지.

신공축제는 음지에 있던 신공 문화를 일반인들에게 공개한 첫 축제라고 생각하면 돼. 떵들에게는 의미가 있는 행사였지. 신공은 레즈비언들만의 은밀한 장소였는데 이제 더는 감추지 않고 드러낸 첫 신호탄이라고 할까.

하지만 신공축제가 열리기까지 참 말도 많고 탈도 많았어. 왜 굳이 밖에서 하느냐, 차라리 동성애자라고 이마에 써 붙이지 그러느냐…… 아휴. 기획단 안에서도 말이 많았지. 머리가 정말 아팠어. 내가 축제 기획단장이었거든. 하지만 막상 신공축제를 잘 마치고 보니 참여해 준 우리 친구들이 정말 고마웠어. 그날 레즈

리
인

비언 친구들이 한 40~50여 명 왔는데 모두 즐겁게 열심히 참여해 줬어. 아마 이 행사는 내년에도 열릴 거야. 그때는 더 많은 레즈비언 친구들이 올 거라 생각해. 생각만 해도 기대된다. 어서 내년이 왔으면 좋겠다. 히히.

나는 십대 성 소수자 활동가

나는 요즘 날마다 한국성적소수자문화인권센터에 들락거려. 이 단체는 성적 소수자들을 위해 활동해. 다양한 행사를 기획하고 추진하거나 자료들을 정리해서 출판물을 내기도 하지. 이런 단체를 사람들은 엔지오 NGO 라고 부르더라. 나는 이 센터에서 십대 프로젝트를 맡고 있어. 학생이라는 본업이 있으니 날마다 가지는 못하지만 방학에는 거의 살다시피 해. 할 일이 많거든. 무슨 할 일이 그렇게 많냐고? 자, 일단 한번 들어봐. 십대 거리 상담 퀴어뱅 상담원, 이반놀이터 스태프, 테마프로젝트 기획단, 레즈비언 캠프 육색찬란 기획단, 무지개행동큐주니어팀…… 이거 말고도 몇 개 더 있어. 어쨌든 결론은 무지하게 바쁘다는 사실! 이 중에서 너에게 이야기해 주고 싶은 게 있어. 내가 올해 초부터 매달려 있는 일은 퀴어뱅이야. 퀴어뱅은 서울시 늘푸른여성지원센터에서 지원받아서 진행하는 십대 청소년들 대상의 거리 상담이지. 말 그대로 직접 거리로 나가서 십대 땡들의 고민을 들어주고 도와주는 거야. 지난 4월부터 7월 말까지 넉 달 동안 진행되었어. 매주 일요일 오후 5시부터 8시까지 신공에서 했는데 반응이 꽤 괜찮았어. 돗자리를 펴놓고 있으면 자연스럽게 친구들이 와서 함께 이야기하는 식이야.

전문 상담가 선생님과 다른 활동가 선배들이 함께 했어. 나는 상담하는 분들을 도왔지. 그래도 우습게 보지 마. 나름대로 정말 중요한 일을 했거든. 일종의 동시통역사랄까. 상담하는 선생님들 연령이 이십대에서 삼십대잖아. 그러니까 우리 십대들의 문화나 언어, 감성을 잘 모르시더라고. 너도 생각해 봐. 어른들하고 이야기할 때 말이 잘 안 통하잖아. 어쩌면 어른들과 이야기할 때는 항상 통역이 필요한지도 모르겠다는 생각이 들 때도 있어.

재미있는 얘기 하나 해줄게. 글쎄 어른들은 '움짤 사진'을 모르더라. 왜 우리들이 댓글 달게 만들고 골 때리는 사진들을 부를 때 쓰잖아. 참! '뿅'도 모르더라. 우리는 전화 끊을 때 "뿅!" 하고 끊잖아. 우리가 쓰는 말을 거의 몰라서 통역하느라 진땀 좀 뺐지.

때로는 조금 더 중요한 일을 하기도 했어. 어른들과 우리들이 보는 관점이 완전히 달라서 설명이 필요했거든. 땡인 한 친구가 가출을 했는데 애인이 있었어. 그런데 술을 마시고 실수로 다른 친구랑 잠을 잔 거야. 또 자해를 한 적도 있었고. 그 친구가 이런저런 일 때문에 죽고 싶다고 하소연을 하는 거야. 상담 선생님들은 가장 먼저 이 친구가 자해하는 것을 막아야 한다고 입을 모았어. 그런데 내 생각은 달랐어. 왜냐하면 너도 알겠지만 자해는 십대들에게 일종의 과시인 경우도 있거든. 어른들은 자해가 자살로 이어질 수 있는 아주 심각한 일이라고 생각하는 것 같아. 그런데 십대들의 세계에서 자해는 자살을 암시한다기보다 과시용이 되기도 한다는 사실을 모르시더라고. 그래서 그 친구가 가장 간절히 해결하고 싶은 문제는 자해가 아니라 아마도 애인과의 관계일 거라고 말했어. 결국 내가 통역을 한 덕분에 잘 해결됐지.

상담하는 넉 달 동안 굉장히 많은 친구들을 만났어. 예상은 했지만, 땡들 고민이 장난이 아니더라고. 주로 하는 고민은 진로나 연애 문제였어. 가끔 성관계에 대한 고민을 하는 친구들도 있었어. 또 한참 사춘기다 보니까 연애에 대한 고민이 제일 많더라. 매주 정기적으로 상담을 한 몇몇 친구들은 가정 문제를 상담하기도 했어. 부모의 이혼, 아버지의 폭력, 가출 등 무척 다양했어. 성 정체성에 대해 고민하는 친구들도 있지. 물론 신공에 올 정도면 스스로 동성애자라고 생각하는 경우가 대부분이지만. 그런데 너 그거 아니? 의외로 성 정체성을 고민하는 친구들이 굉장히 많아. 십대들의 성 정체성 고민이 크게 드러나지 않아서 잘 모를거야. 그러고 보니 너도 혹시 그런 고민을 하고 있는 건 아닌지 모르겠다.

십대 땡들의 세계

문득 어른들은 '십대 동성애자'라는 말을 인정하지 않을 것 같다는 생각이 들어. 십대는 미성숙하고 덜 완성되었다고 생각하잖아. 그런 십대가 무슨 동성애냐고 생각하겠지. 동성애에 대한 인식도 안 좋은데 말이야. 사실 어른들은 십대 동성애자들이 아직 어려서 잘 몰라서 그렇다고 생각하는 것 같아.

성 정체성을 고민하는 친구들 혹은 자신이 성 소수자라고 확신하는 친구들이 모여 활동하는 모임들이 몇 개 있어. 청소년성소수자커뮤니티 라틴ㅣhttp://cafe.daum.net/Rateen ㅣ이 가장 대표적이야. 이 카페에 동성애자만 가입할 수 있는 건 아니야. 성 정체성을 고민하고 있는 친구나 궁금증을 가진 친구는 누구라도 가입할 수 있어. 접근성이 높아서 그런지 이 카페 회원 수가 벌써 1천 명이 다 되어 간대. 대단하지? 회원 수가 많다 보니 정보도 많아. 이 카페에 놀러 가면 성 정체성을 고민하는 친구들 이야기와 동성애자이기 때문에 상처받은 경험 등 다양한 사연을 볼 수 있을 거야. 너도 한번 가입해 봐.

무지개행동큐주니어ㅣhttp://cafe.daum.net/10LGBTaction ㅣ역시 십대 동성애자 커뮤니티야. 청소년 성 소수자들의 인권을 위해서 만들어졌어. 이 커뮤니티는 지난해 '차별금지법'에서 성적 지향성 등 7개 항목을 삭제한 사건에 대응하기 위해 만들어진 거야. 그런데 너 차별금지법에 대해서 좀 아니? 음…… 할 얘기가 많지만 이건 꼭 설명하고 넘어가야겠다.

2007년 10월쯤 법무부에서 차별금지법을 만들겠다고 발표했어. 차별을 받아 온 수많은 사람들이 사회에서 차별받지 않도록 법을 제정하겠다는데 얼마나 좋냐? 특히 차별금지법에 오른 차별 대상의 내용은 아주 괜찮았어. 좀 길지만 내가 읊어 볼게.

성별, 장애, 병력, 나이, 출신 국가, 출신 민족, 인종, 피부색, 언어, 출신 지역, 용모 등 신체 조건, 혼인 여부, 임신 또는 출산, 가족 형태 및 가족 상황, 종교, 사상 또는 정치적 의견, 범죄 전력, 보호처분, 학력, 사회적 신분 그리고 성적 지향.

자, 마지막 성적 지향을 주목해 줘. 사람들이 동성을 사랑하건 이성을 사랑하건 차별받지 않도록 법으로 보호해 주겠다는 거야. 다들 감격했지. 드디어 동성애자들도 당당히 사회에서 살아갈 수 있게 되었으니까 말이야. 그런데 한 달 만에 7개 항목이 삭제되어 법제처로 넘어갔다는 거야. 삭제된 7개 | 학력, 병력, 출신 국가, 언어, 범죄 전력, 가족 형태 및 가족 상황 | 중에는 성적 지향이 포함되어 있었어. 기독교 단체들과 영향력 있는 기업들이 압력을 넣어 삭제되었대. 참, 어이없지? 아휴, 나도 모르게 한숨이 나온다. 결국 17대 국회에서 이 차별금지법은 폐기되었고, 18대 국회에서도 상정이 될지 안 될지 모르겠다.

무지개행동큐주니어는 이때 생겨난 커뮤니티야. 처음에는 '긴급행동'이란 이름으로 시작해서 '무지개행동'으로 바뀌었어. 십대들은 무지개행동큐주니어라는 이름으로 따로 활동하고 있어. 이 카페도 가입하기 쉬워. 참, 내가 이 카페 관리자야. 요즘 활동가를 모집하고 있는데 주위에 소문 좀 많이 내줘.

그 밖에도 몇 개 더 있지만, 이 정도면 될 것 같아. 물론 이 커뮤니티가 십대 동성애자 전체를 대변한다고 하기는 어려워. 이 커뮤니티들은 드러내고 활동하는 친구들 이야기니까. 성 정체성을

고민하고 있는 친구들, 동성애자이지만 드러내지 않는 친구들까지 생각하면 그 규모는 어쩌면 측정할 수 없을지도 몰라.

유노윤호가 좋지만 난 레즈비언이야

나는 얼마 전에 갑작스럽게 커밍아웃을 하게 됐어. 커밍아웃이란 자신의 성 정체성을 밝힌다는 뜻이야. 커밍아웃 대상은 엄마였어. 두 달 전쯤 실수로 그렇게 되었어. 육색찬란 캠프 준비로 한창 바쁘게 활동하고 있었어. 십대부터 육십대까지의 레즈비언들이 함께 모이는 캠프 기획단에 참여하고 있었지. 우리 집이 워낙 엄해서 며칠 동안 외박을 하려면 공문서를 들이밀어야 믿는 스타일이거든. 다행히 엄마한테 잘 말씀드려서 일이 순조롭게 진행되는가 싶었어. 그런데 내가 엄마한테 문자를 보내던 중에 '육색찬란'이란 단어를 써버린 거야. 엄마는 좀 이상하다 싶었는지 컴퓨터로 육색찬란을 검색해 보셨고, 결국 레즈비언 캠프라는 걸 알게 되셨어.

엄마가 날 부르더니 딱 잘라 물어보셨어. "너 레즈비언이니?" "응, 나 레즈비언이야……." 그 다음은 상상이 가지? 엄마는 몇 시간을 울었는지 몰라. 오열하면서 날 많이 때린 것만 기억난다. 그리고 내가 활동했던 자료들을 다 불태웠어. 우리 엄마는 아주 보수적인 기독교인이거든. 그러니 더 했지. 엄마가 내놓은 해결책은 "기도원 가서 고치면 된다"였어. 엄마를 설득하느라 한참 걸렸지. 내가 한사코 안 가겠다고 하니까 "그럼 지금 하는 활동다 끊고 기도하자"는 걸로 마무리되었어.

사실 나 지금 집에서는 연극을 해. 네가 어떻게 생각할지 모르겠지만, 지금은 이 방법이 최선이야. 훗날 준비가 됐을 때 다시 당당하게 커밍아웃하고 싶어. 지금은 가족에게 거짓말하고 연극을 할 수밖에 없지만……. 나뿐만 아니라 다른 동성애자들도 마찬가지일 거야. 연극을 해서라도 자기 정체성을 지키고 싶기 때문이지.

나는 중학교 때 내가 동성애자라는 사실을 알게 되었어. 너도 한 번쯤 선배 언니나 선배 형을 동경해 본 적이 있을 거야. 특히 여중이나 남중에서는 그런 경우 많잖아. 내가 그랬어. 멋진 선배 언니들이 정말 좋았어. 좋아하는 언니를 보면 가슴이 두근거리고 얼굴도 빨개졌지. 주위에 그런 친구들이 많았으니까 나도 특별하다고 생각하진 않았어. 그런데 시간이 지날수록 내 감정은 조금 다르다는 걸 느꼈어. 그 무렵 다른 친구들은 선배 언니를 동경하면서도 남자 애들에게도 관심이 많았거든. 자기들끼리 좋아하는 남자 애들 얘기도 많이 했어. 그런데 나는 남자한테는 전혀 관심이 없었어. 심지어 왜 내가 남자를 좋아해야 하는지 의문까지 들더라.

시간이 지날수록 여자에게만 눈길이 갔어. 어느 날 문득 내가 레즈비언이라는 생각이 들었어. 너는 생소하겠지만 난 무척 자연스럽게 받아들였어. 여자이지만 남자보다 여자에게 끌리는 사람들을 레즈비언이라고 하니까 나는 레즈비언이라고 생각했지. 내가 레즈비언인 것이 확실하냐고? 물론이지. 정말 고민을 많이 했어. '내가 혹시 레즈비언이라고 착각하는 건 아닐까? 나는 동방신기의 유노윤호도 좋아하잖아. 남자 연예인을 좋아하는데 무슨 레즈비언이야? 아마도 이건 착각일지도 몰라.' 이런 고민을 수없이 했지.

하지만 지금은 동성애자라고 확실히 말할 수 있어. 유노윤호가 춤을 잘 추기 때문에 호감이 있는 것뿐이지 성적으로 끌리는 건 아니거든. 난 그냥 여자가 좋아. 네가 이성을 좋아하는 것이 자연스러운 것처럼 난 여자를 좋아하는 게 자연스러워. 난 요즘 무지 행복해. 나와 같은 동성애자들과 함께 웃으면서 활동할 수 있어서 말이야. 같은 고민과 생각을 나누는 존재가 곁에 있다는 건 정말 감사한 일인 것 같아.

당당한 동성애자 청소년 상담가를 꿈꾸며

넌 꿈이 뭐야? 아직 못 정했다고? 그래, 너무 조급해하지 마. 나도 사실 얼마 전에야 꿈이 확실해졌거든. 내 꿈은 동성애자 청소년 상담가가 되는 거야. 주위에 청소년 상담가들은 많아. 하지만 성 정체성을 고민하고 있는 청소년들이나 땡들에게 적절한 도움을 주지 못하는 것 같아. 땡들에게 "누구나 한때 동성애자라고 느낄 수 있다. 이성을 사랑하며 사는 게 바른 일이다"라고 말하는 게 무슨 도움이 되겠냐? 그래서 난 진짜 땡들의 고민을 들어주고 도와줄 수 있는 상담원이 되려고 준비 중이야. 그래서 진로를 사회복지학과로 바꿨어. 11년이나 친 오르간을 때려치웠어.
나, 엄청 과감하지?

주위에서 아깝지 않냐는 얘기도 많이 들었지만 후회하지 않아.
지금 정말 행복하거든. 오르간 연주를 할 때도 행복했지만, 동성
애자로서 존재를 인정받고 활동하는 지금이 훨씬 더 좋아. 주위
에 나와 같은 사람들이 많다는 것을 알게 된 것도 행복해.

하지만 동성애자로 사는 게 힘들 때도 많아. 아직까지 사회에서
동성애자를 바라보는 시선이 곱지 않잖아. 그렇다 보니 여전히
상처를 많이 받아. 교과서에 동성애자에 대해 나오면 친구들이
"아우, 징그러워!", "웬일이니, 더럽다" 하면서 막 떠들어 대곤
했어. 그때마다 가슴이 무너지는 것 같았지. 물론 그 친구들은
모르고 그렇게 말한 것이지만. 가장 친한 친구한테 상처받은 적
도 있어. 몇 년 전에 용기를 내서 가장 친한 친구에게 커밍아웃
을 했어. 그런데 그 친구마저도 "인정은 하지만 이해는 못하겠
다"면서 돌아섰어. 참 외롭더라. 앞으로는 나처럼 외로운 친구
들을 위로해 주며 열심히 활동하려고 해.

또 십대 동성애자를 바라보는 시선을 바꾸기 위해 열심히 활동
할 거야. 성인 동성애자들도 차별받지만 땡들은 이중, 삼중으로
차별을 받거든. 십대들의 성 정체성은 아예 존중해 주지를 않아.
우리들도 충분히 자기 성 정체성에 대해 책임질 만큼 성숙했는
데도 말이야. 땡들은 아직 어려서 판단할 수 없다고 보는 그 시
선이 굉장히 불쾌해.

아이고, 말이 너무 길어졌네. 내가 원래 좀 왕수다 기질이 있거든. 하하. 어쨌든 너하고 이렇게 긴 이야기를 나누고 나니 마음이 가벼워졌어. 참! 마지막으로 너한테 부탁하고 싶은 게 있어. 혹시 성 정체성에 혼란을 느끼면 이 세 가지를 명심해. 첫째, 겁먹지 말기, 둘째, 피하지 말기, 셋째, 당당해지기. 어느 날 문득 자신이 동성애자라고 느끼면 많은 친구들이 겁먹고 회피하거든. 주위에 도와줄 사람이 없으니까 자신을 감추게 되고 고민만 깊어져. 그럴수록 자신과 대면해야 해. 그래야만 길이 보여.

네가 어른이 된 어느 날 '동성애 청소년 상담가 리인'이라는 문구를 보거든 마음속으로 반갑게 인사해 줘. 자, 이제 진짜 헤어질 때가 됐다. 만나서 정말 반가웠어. 그럼, 안녕!

추신

내가 사진으로나마 얼굴을 못 보여 주는 걸 이해해 줘. 비겁하거나 용기가 없어서가 아니야. 동성애자들이 스스로 커밍아웃하지 않은 상태에서 얼굴을 드러내면 많은 어려움을 당하기 때문이야. 동성애자들에게 거부감이 큰 친구들은 심한 욕을 하거나 폭력을 사용하는 것도 서슴지 않거든. 성 소수자들에 대한 인식이 변하려면 시간이 더 필요한 것 같아. 하지만 날 보고 싶다면 언제든 내가 일하는 곳으로 찾아와. 찾아오는 게 부담스러우면 메일을 보내도 좋아. 너의 고민을 함께 의논할 좋은 친구가 되어 줄게. 그럼 기다린다. 뿅!

반대말 맞추기 놀이

시작부터 어리둥절하겠지만 반대말 맞추기 놀이를 한번 해볼까요? 먼저 어린이의 반대말은 무엇일까요? 동성애의 반대말은요? 책상의 반대말은? 자, 여러분이 생각한 답은 머릿속에 넣어 두시고 다음 이야기를 들어주세요.

흔히 어린이의 반대말은 어른, 동성애의 반대말은 이성애, 책상의 반대말은 의자라고 대답합니다. 하지만 정말 이 단어들은 서로 대립 관계일까요? 그럼 어린이와 어른을 구분하는 기준은 뭐죠? 나이? 몸무게? 키? 머리에 든 지식의 정도? 몇 살이 어른과 어린이의 경계인가요? 만약 청소년이 그 경계 지대라면 청소년의 반대말은 무얼까요?

우리가 일상적으로 쓰는 말들도 조금만 찬찬히 따져 보면 금세 많은 의문들이 떠오릅니다. 이렇게 다시 생각해 보면 책상의 반대말이 걸상이나 의자라는 것도 좀 이상합니다. 사과의 반대말을 배라고 하면 어색하듯이 말입니다. 또 사과의 종류를 색깔로 나누어 연둣빛 사과, 빨간 사과라고 하듯이 어쩌면 동성애와 이성애도 비슷한 말이 아닐까요? 사랑하는 사람의 성별이 같은지, 다른지를 기준으로 나눈 사랑의 또 다른 이름으로 말이죠.

이렇게 언어도 뒤집어 생각해 보면 의외로 흥미로운 사실을 많이 발견할 수 있습니다. 예를 들어, 유색인종이란 말은 흔히 쓰지만 백색인종이란 말은 거의 쓰지 않습니다. 백인이 아닌 나머지를 묶어서 유색인종이라고 하는데, 이때 백색은 황색이나 흑색과 같은 다양한 색의 한 종류가 아니라 백색이냐 아니냐를 나누는 절대 기준이 되어 버리죠. 미국의 새로운 대통령 오바마에게는 유색인종이나 흑인이란 수식어가 붙지만, 부시 대통령 앞에 백인이라는 수식어는 붙지 않습니다. 어차피 백인이 중심이고 기준이기 때문에 백인이라는 사실을 굳이 밝히지 않아도 되는 것이죠. 비슷한 예로, 동성애자 연예인이라는 말은 써도 이성애자 연예인이라는 말은 없습니다. 여류 작가나 여자 군인도 마찬가지입니다. 소설가나 시인, 군인은 남성으로 대표되므로 굳이 남자 소설가, 남자 군인이라고 하지 않아도 되는 거죠.

이런 관점에서 '사회적 소수자'란 말도 생각해 볼까요? 대표적인 사회적 소수자로 아동, 청소년, 노인, 여성, 빈민, 이주 노동자, 동성애자, 트랜스젠더, 장애인 들이 있습니다. 소수자라는 말을 수나 양을 나타내는 개념으로 생각해서 다수의 의견을 따르는 게 맞다거나, 다수가 소수를 배려해야 한다는 식으로 말하는 사람들도 많습니다. 하지만 청소년의 수가 성인들보다 적기 때문에 차별을 받는 것일까요? 청소년의 생각과 처지를 밝히거나 스스로 선택하고 결정할 기회는 좀처럼 마련되지 않을 뿐 아니라 차단당하거나 무시당하기 일쑤입니다. 이렇듯 소수자ㅣminorityㅣ란 주류에서 배제되고 권력에서 소외된 사람들을 말합니다.

아마 한번쯤 단지 나이가 어리다는 이유만으로 차별받은 경험이 있을 겁니다. 자, 그러면 여러분의 정반대 위치에서 등을 돌리고 있는 어른들의 모습을 떠올려 볼까요? '다수의 어른들'이

웅성거리며 모여 있습니다. 좀더 자세히 살펴보면, 그 자리에는 나이가 많으면 우월하고 어리면 복종하는 것이 순리라는 식의 '나이주의'가 버티고 서 있습니다. 그리고 이런 이데올로기를 신봉하는 사람들이 외쳐 댑니다. '나이'가 곧 질서고 능력이라고. 시키는 대로 해야 하고, 어려서 안 되고 또 늙어서 안 된다는 식의 가치관과 인식을 아주 강력하게 유포하죠. 이렇게 본다면, 청소년을 억압하는 것은 그저 '다수의 어른'이 아닙니다. 그러므로 요구해야 할 것도 어른들의 배려가 아니죠. 청소년의 인권을 지키기 위해 저항하고 싸워야 할 핵심은 '나이주의'이며, 우리는 사회와 사람들이 변화할 수 있도록 노력해야 합니다.

성적 소수자도 같은 맥락입니다. 사회적 소수자로서 청소년의 반대 지점에 '나이주의'가 있다면, 동성애자의 반대 지점에는 무엇이 있을까요? 역시 거기에는 이성애자가 아니라 '이성애 중심주의'가 있습니다. 이성애 중심주의 heterosexism 란 사랑과 섹스, 결혼은 오로지 남녀끼리만 해야 하고 그 외의 모든 것은 비정상이거나 도착이라고 혐오하는 것을 말합니다. 인간은 생물학적 구분에 따라 남자와 여자로만 나뉘고, 그 구분에 따라 정해진 성 역할이 있다는 믿음을 기반으로 사랑하는 상대조차 이성으로 제한하고 강요하는 것이죠. 나이주의가 청소년의 성과 사랑을 인정하지 않고, 인종주의가 흑인과 백인의 결혼을 금지하듯이 말입니다.

어쩌면 지금까지의 이야기를 읽고 이성애가 정상이고 동성애는 약간 비정상인 것이 사실이 아니냐고 고개를 갸웃거리는 친구가 있을지도 모르겠습니다. 혹은 동성애도 이성애와 똑같이 정상이라고 말하는 친구도 있을 테지요. 하지만 위의 두 문장에서 다 놓치고 있는 것이 있습니다. 동성애가 비정상인지 아닌지만 따질 뿐 진지하게 "이성애는 뭘까? 나는 이성애자일까? 이성애와 동성애는 다른가?" 하는 질문을 해본 적이 없다는 점입니다. 이것은 앞서 말한, 백색은 마치 색이 아닌 듯 백인 이외의 사람을 '피부 색깔이 있다'는 의미로 유색인종으로 묶는 오만함을 지적하려면 백인 중심의 시각에서 벗어나야 하는 것과 같습니다. "유색인종의 반대는 무색 인종이냐? 그러면 흰색은 뭐냐?" 하고 거꾸로 질문을 던질 때 가능한 것입니다.

이성애만을 중심에 놓고 이야기를 하는 한 편견과 차별은 피할 수 없습니다. 청소년의 인권이나 독립성을 인정한다고 하면서도 청소년을 성인의 전 단계로만 파악할 때 청소년은 아직 완성되지 못한 미숙한 인간이 될 뿐인 것처럼 말이죠.

마지막으로 제가 어릴 때 들은 이야기를 하나 하겠습니다. 누군가 제게 이런 질문을 했습니다. 만약 어떤 아주 무서운 사람이 와서 막대기로 땅에 동그란 원을 그린 다음, 원 안에 서 있어도 안 되고 원 밖에 서 있어도 안 된다고 합니다. 이를 어기면 즉시 죽이겠다고 협박을 한다면 어떻게 하겠냐고 물었습니다. 고민을 했지만, 선 위에 발끝으로 힘들게 서 있는 방법 말고는 없을 것 같았습니다. 하지만 발끝으로 얼마나 오래 서 있을 수 있을까요?

결국은 죽음을 당할 수밖에 없겠구나 싶었죠. 그래서 포기하고 어떻게 해야 하냐고 물었더니 답은 그 원을 지워 버리는 것이라고 했습니다. 아! 원을 지우면 되는구나. 나는 왜 원의 안과 밖이라는 그 기준 자체가 말이 안 된다는 것을 생각하지 못했을까? 그것 자체의 모순을 해결하기보다는 주어진 대로 어떻게든 맞추어 보려 한 것일까? 그렇게 살다간 결국 지쳐 쓰러질 텐데. 지금도 가끔 이 이야기를 떠올리며 제 자신을 돌아보곤 합니다.

청소년들은 어른이 되기 싫다는 말을 자주 내뱉곤 하죠. 어른들은 자신이 누군지도 모른 채 일하고 질문하고 명령하고 화만 내는 매력 없는 사람들로 보이겠죠. 어쩌면 세월이 흘러도 나이만 먹고 세상의 때가 묻지 않는다면 가능할지도 모릅니다. 이분법으로 판단하지 않기, 기존의 기준을 뒤집어 보기, 스스로 의심해 보기, 거꾸로 질문 던지기, 차이를 긍정하기, 새로운 삶의 가능성을 찾기…… 이런 시도들이 여러분을 매력 있는 어른으로 만들 것이라고 믿습니다. 부족하지만 그런 믿음으로 쓴 글을 마칩니다.

뫼비우스의 띠

희망과 절망을 경험한 촛불 지인

2008년 6월 10일, 시청 앞 광장에는 이색적인 풍경이 펼쳐졌다. 시민들 수십만 명이 거리로 쏟아져 나온 것이다. 뉴스는 "전국에서 수십만 명이 넘는 시민들이 시위에 참가했다"고 전했다. 교복을 입은 고등학생, 유모차를 앞세운 아기 엄마, 넥타이에 흰 와이셔츠를 입은 회사원, 동네에서 한번쯤 봤을 것 같은 아줌마, 아저씨들까지 거리로 나온 시민들은 다양했다. 가끔씩 엄마, 아빠의 손을 꼭 잡은 초등학생도 보였다. 시민들은 모두 달랐지만 공통점이 있었다. 바로 촛불을 들고 있었다. 촛불을 들지 않은 반대편 손에는 하나같이 종이 팻말이 들려 있었다.

'미친 소 수입 반대', '이명박 OUT', '안 돼, 미친 소 미친 교육', '광우병 소 수입을 반대한다', '재협상도 못하면 깨끗이 물러나라', '경찰 폭력 중단 어청수 퇴진'. 팻말에는 시민들의 요구가 빼곡히 적혀 있었다. 시민들의 대열은 시청을 거쳐 명동으로, 다시 광화문으로 향했다. 가는 곳마다 경찰들이 진로를 막아섰지

만 시민들의 표정은 밝았다. 시민들은 구호를 외치다 노래를 했
고, 이따금씩 둘러앉아 춤추며 놀기도 했다. 어떤 곳에서는 진지
한 토론회가 열리기도 했다. 모두가 '즐거운 시위'였다. 자정을
넘기고 새벽이 되었고 다시 동이 텄지만, 시민들은 거리를 떠나
지 않았다. 1987년의 6·10항쟁 이후 최대 규모였다.

놀랍게도 이 거대한 움직임의 첫 불씨를 지핀 것은 시민 단체가
아니라 바로 여학생들이었다. 이명박 대통령의 대선 공약을 우
려했던 몇몇 인터넷 카페가 주축이 되었고 청소년들이 앞장을
선 것이다. 지인ㅣ18세ㅣ이도 그 여학생들 중 하나였다. 첫 촛불이
켜졌을 때부터 시청을 지켰다. 두 달이 넘는 시간 동안 지인이는
울고, 웃고, 분노하고, 저항하고, 깨달았다. 지인이는 이제 다시
일상으로 돌아와 대학 수학능력 시험을 준비하지만 그때의 기억
만은 선명하게 남아 있다. 지인이는 그 시간이 자신에게 "희망
과 절망의 뫼비우스 띠 같았다"고 회고한다.

5월 시청 앞, 촛불로 수놓다

'촛불 집회 봤냐? 시험 끝나고 가자.' 꾹꾹꾹꾹. 지인이는 빠른
손놀림으로 문자를 보냈다. 5월 5일 어린이날 저녁, 뉴스에서 촛
불 집회 소식이 보도되고 있었다. "오늘 시청 앞 광장에서 열린
촛불 문화제의 참가자들은 대부분 여학생들로……." 아나운서
는 약간 격앙된 목소리로 촛불 집회 소식을 전했다. 5월 2일 처
음 시작된 촛불 집회는 3일이 지났는데도 수그러들 기미가 보이

지 않았다. 오히려 규모가 커지고 있었다.

지인이도 2일에 첫 촛불 집회가 열린다는 소식을 이미 알고 있었다. 그렇지만 선뜻 촛불 집회에 참가하기는 어려웠다. 하필이면 시험 기간과 딱 겹친 데다 고등학교 3학년이었다. 아무리 수능에 연연하지 않는다고는 해도 자유로울 수는 없었다. 그런데 촛불 집회의 움직임이 심상치 않았다. 지인이는 더 두고 볼 수가 없었다. "드르르르륵" 책상 위의 휴대 전화가 몸을 떨었다. '그냥 내일 가자.' 친구에게서 온 답장이었다. 휴대 전화를 본 지인이는 슬쩍 미소 지었다.

지인이는 친구와 함께 6일에 처음 촛불 집회에 참여했다. 학교를 마치고 가니 집회는 이미 마무리 중이었다. 다음 날 또 갔다. 그날은 아침부터 줄곧 비가 내렸다. 비는 추적추적 내리는데 사람들은 떠날 줄을 몰랐다. 우산을 쓴 사람도 있었지만, 비를 맞고 있는 사람들도 있었다. 온몸으로 비를 맞으면서도 손을 모아 촛불이 꺼지지 않도록 애를 썼다. 지인이는 자기도 모르게 마음이 뭉클해졌다.

"사람들 앞에 서면 정말 장난 아니에요. 가슴이 막 벅차고⋯⋯."
지인이는 볼이 발그레해져서 고개를 설레설레 젓는다. 사람들 앞에서 이야기할 때 기분이 어땠냐고 묻자 돌아온 대답이다. 지인이는 촛불 집회 도중 두 번이나 '자유 발언'을 했다. 비가 오던 7일이 그 첫날이었다. 수백 명이 넘는 사람들 앞에서 자신의 생각을 밝힌다는 것은 쉽지 않았다. 그래도 "꼭 하고 싶은 말이 있어" 용감하게 사람들 앞에 섰다.

"미국산 쇠고기 수입도 그렇고 교육정책도 그렇고…… 뭔가 잘 못됐다는 얘기를 하고 싶었어요. 떨렸죠. 그래도 해야겠더라고 요. 처음에는 사람들이 눈에 잘 안 보이다가 이야기를 조금 하다 보니 앞에 촛불을 들고 앉아 있는 시민들이 눈에 확 들어오는 거 예요. 그 함성, 거리에 가득 찬 촛불…… 지금 생각해도 정말 눈 물 날 것 같아요."

지인이는 내내 무언가 바꿀 수 있을 것 같은 생각이 들었다. 비 록 수백 명이지만 곧 수천 명이 될 것이고 다시 수만 명, 수십만 명, 수백만 명이 되면 대통령도 뭔가 깨닫겠지. 지인이는 목소리 를 가다듬고 열심히 시민들에게 자기 생각을 전했다. 국민들의 목숨을 담보로 한 미국산 쇠고기 전면 수입 개방, 모든 청소년들 을 옥죄는 학교 자율화, 환경을 파괴하는 한반도 대운하 건설, 그 밖의 수많은 정책들에 대해 많은 국민들이 반대하고 있다는 걸 보여 주고 싶었다.

또한 지인이는 다른 시민들의 자유 발언을 듣고 가슴이 벅찼다. 지인이처럼 분노를 참지 못해 거리로 나온 학생과 민주노총 노 조원도 있었다. 이주 노동자, 전교조 소속 교사, 아이와 함께 나 왔다는 학부모의 이야기도 들었다. 지인이는 다양한 시민들의 이야기를 들으며 깊은 연대감을 느꼈다고 한다. 그런 면에서 자 유 발언은 "촛불 문화제의 꽃이었다"고 지인이는 기억한다.

촛불 집회의 양상은 점차 변해 갔다. 6일에는 '미국산 쇠고기 수

입을 반대하는 범국민대책기구'가 발족했다. 참여연대, 민주사회를위한변호사모임 등 널리 알려진 시민 단체들이 주축이 되었다. 집회 참가자들도 기하급수로 늘기 시작했다. 인터넷 카페를 중심으로 중·고등학생들이 지핀 불씨가 거대한 들불로 번지기 시작한 것이다.

지인이는 그 불씨를 댕긴 주인공이 바로 청소년들이라는 사실이 자랑스럽다. 특히 어른들의 편견을 깼다는 것이 이번 촛불 집회에서 지인이가 가장 중요하게 생각하는 점이다. '학생들은 공부만 해야 한다'는 인식을 깬 이례적인 행동이었다. 거리에 선 많은 학생들은 지인이처럼 입시를 앞둔 고등학교 3학년 학생들이었다.

"대체 대한민국의 어떤 학생들이 입시에서 자유로울 수 있겠어요. 고3이 한 명 있으면 온 집안 식구들이 숨소리도 안 내잖아요. 입시 관문을 통과하기 위해 모든 지원을 아끼지 않는 분위기에서 고3이 거리에 나온다는 건 정말 대단한 저항이죠. 저는 학생들이 입시보다도 더 중요한 문제가 있다는 생각을 가지고 참여했다는 것 자체에 큰 의의를 두고 싶어요."

당장은 아니지만 머지않아 '저항의 힘'을 경험한 청소년들이 사회를 조금씩이나마 바꿔 갈 것이라고 지인이는 믿는다.

물대포를 견딜 수 있는 이유

2008년 5월 31일~6월 1일

아침 일곱 시 반에 집에 들어와 쓰러져 오후 다섯 시 반까지 잠든 내가 한심할 뿐.

체력을 기르겠다, 기다려.

이제 용납할 수도 용서할 수도 없는 지경에 이르렀다.

두 시간 반 동안 물 맞고 덜덜 떨고 마지막에는 구호를 외치면서 졸기까지.

진짜 그 자리에 쓰러져 누울 뻔했다.

그런데도 버티고 아침까지 싸우는 사람들이 있었다.

─지인이의 미니홈피 게시판 '일상톡톡' 중에서

경찰의 강경 진압에 대항해 시민들은 밤새 집회를 이어 갔다. 전경이 군홧발로 한 여대생의 머리를 짓밟는 동영상이 인터넷에 공개되어 촛불 집회에 기름을 부었다. 이에 질세라 경찰도 아주 강경하게 대처했다. 국제 엠네스티는 "집회 참가자들을 강제 연행하는 것은 인권 침해다"라고 우려했지만, 경찰은 끄떡도 하지 않았다. 집회 현장에는 물대포가 등장했고, 지인이도 물대포를 맞으며 광화문 거리에 서 있었다. 5월 31일이었다.

"삼청동 쪽에서 물대포를 처음 맞는데 물에서 이상한 냄새가 많이 났어요. 그때 시위 행렬 맨 앞에 있었거든요. 한 세 시간 물대포를 맞으면서 전경이랑 대치하다 보니까 너무 춥고 힘들더라고요. 그래도 덜덜 떨면서 구호를 외쳤죠. 나중에는 추운데도 힘드니까 즐기도 했어요. 새벽 4시쯤 되었을 때 너무 배가 고파서 대열에서 빠져나왔어요. 살기 위해 나온 거죠."

지인이는 "살기 위해 나왔다"는 대목에서 미안한 듯 뒷머리를 긁적인다. 밤이면 기온이 뚝 떨어지는 5월, 물에 흠뻑 젖어 밤샘 집회를 하는 것이 그리 쉬운 일은 아니었을 것이다. 저체온증으로 이미 여러 사람이 쓰러진 뒤였고, 버스에서 떨어져 다친 사람도 있었다. 체력이 조금 더 좋았다면 아침까지 함께 있었을 것이다. 지인이는 지금까지도 다른 사람들에게 미안한 마음을 지울 수가 없다.

밤새 집회에 참여한 지인이는 많은 것을 느꼈다. 성별, 나이, 학력, 직업은 달라도 함께 촛불을 들고 있다는 이유만으로 친구가 될 수 있었다. 누군가 경찰에게 붙잡히면 시민들은 달려들어 막아 주었고, 학생들에게 물대포가 쏟아지면 어른들이 몸으로 물대포를 막아 주었다. 진압이 잠시 소강상태일 때는 어디서 나왔는지 비옷과 김밥이 돌았다. 자정을 넘기고 냉기가 온몸을 감쌀 때는 어디선가 모닥불을 지폈다. 가슴 찡한 연대였다. 바로 그 따스함 때문에 물대포를 견딜 수 있었다. 촛불 집회가 끝난 지 한참 되었지만, 지인이는 아직도 그때 느낀 뭉클함을 잊을 수 없다.

"함께 있었던 사람들에게 미안하고 고맙죠. 누군지도 몰라요. 하지만 대한민국 어딘가에 그 사람들이 살고 있잖아요. 날 도와줘서 고맙고, 새벽에 먼저 나와 미안해요."

지인이의 눈가에 물기가 어린다. 지인이는 얼굴도 모르는 그 사

람들에게 마냥 고맙고 미안하다. 그 미안하고 고마운 사람들 중
에는 지인이가 아는 사람들도 있었다. 학교 친구도 있었고 선생
님도 있었다. 거리에서 만나면 서로 손을 흔들고 "조심해라"며
인사를 건넸다. 아는 사람을 만나면 누구 할 것 없이 반가웠지
만, 지인이는 '이 사람'을 만난 것이 제일 반가웠다.

그날도 새벽까지 촛불 집회에 참여하고 돌아가는 길이었다. 새
벽 4시가 훌쩍 넘어 있었다. 공교롭게도 주머니에 땡전 한 푼 없
었다. 광화문에서 목동까지 걸어가야 할 판이었다. 그때였다. 광
화문 사거리 한복판에서 누군가 지인이의 이름을 불렀다.

"어이, 김지인!"

고개를 돌려 뒤를 보았다. 혼잡한 사람들 틈에서 낯익은 얼굴이
보였다.

"어, 아빠!"

아빠의 얼굴이 초췌했다. 밤새 집회에 참여한 모양이었다. 몰골
이 엉망인 두 사람은 서로 황당한 웃음을 지었다. 광화문 사거리
에서 감격스런(?) 부녀 상봉을 한 것이다. 그날 지인이는 오랜만
에 아빠와 함께 집으로 돌아갔다.

지인이의 아빠는 언제나 사회문제에 관심이 많았다. 어릴 적부
터 지인이가 알아듣건 못 알아듣건 신문이나 뉴스에 등장하는
사건에 대해 흥분하며 이야기를 했다. 특히 정치와 사회문제에
더욱 관심이 많았다. 그 덕분에 지인이는 다른 친구들에 비해 정
치와 사회문제에 더 많은 관심을 갖게 되었다. 아빠가 정치와 사

경찰
POLICE

경찰
POLICE

경찰
POLICE

회문제에 대해 관심을 갖게 해주었다면 윤리 선생님은 지인이의 생각을 키워 주었다. 특히 고등학교 2학년 윤리 시간에 토론을 많이 한 것이 큰 도움이 되었다.

"수업 시간에 토론을 정말 많이 했어요. 교과서를 그냥 달달 외우는 게 아니라 진짜 중요한 사회문제에 대해서 토론하고 발표하는 시간이 많았거든요. 그때 생각이 많이 자란 것 같아요. 그 덕분에 정부의 정책과 각종 사안들을 비판적으로 볼 수 있었죠."

이름도 모르지만 함께 스크럼을 짜며 팔짱을 꼈던 많은 사람들, 물대포가 쏟아질 때 비옷으로 물을 막아 준 이름 모를 대학생, 추위에 떨고 있을 때 모닥불 쪽으로 끌어당기던 아저씨, 배고파 지쳐 있을 무렵 웃으며 김밥을 건네던 한 고등학생, 그리고 광화문 사거리에서 만난 아빠, 사회문제들을 마음껏 토론하게 이끌어 주신 윤리 선생님……. 지인이는 이 사람들이 있기에 아직 우리 사회가 희망이 있다고 생각한다.

나를 화나게 하는 것들

"감동도 많이 받았지만, 화나는 일도 많았어요."

지인이가 미간을 찌푸린다. 촛불 집회가 내내 즐겁고 감동스럽기만 했다면 좋았을 것이다. 그러나 밝음과 어두움, 동전의 양면이 존재하듯 촛불로 가득 찼던 시청 앞에서도 지인이가 이해할 수 없는 일들이 일어났다. 제일 먼저 지인이의 시선을 붙잡았던 것은 일부 대학생들이었다. 언론에서는 '달라진 시위 문화'라고 대서특필했지만, 지인이는 이따금 '촛불 축제'가 도를 넘기도 했다고 생각한다.

"어떤 대학생들은 미팅을 하더라고요. 시위 문화가 축제처럼 변했다고 다들 자랑스럽게 여겼지만, 소개팅하고 둘러앉아 술 마시는 자리는 아니잖아요. 좀 지나치다 싶은 적도 있었어요."

지인이는 시위를 구경하는 사람들을 보면서도 화가 났다. 구경거리가 된 것도 기분 나빴지만, 신기한 듯 카메라로 찍어 대는 사람들은 정말 어이없었다. 촛불 집회 행렬은 종종 광화문에서 시청으로, 다시 명동, 을지로로 이어졌다. 거리를 지날 때마다 커피숍에 앉아 집회 참가자들을 찍는 사람들을 자주 볼 수 있었다. 지인이는 '왜 저 사람들은 구경만 하고 있지?' 하는 생각이 들어 화가 났다.

물론 집회에 참가한 사람들 중에도 동영상이나 사진을 찍는 사람들이 많았다. 하지만 시위를 기록하는 사람들과 커피숍 유리창 안에서 카메라 셔터를 눌러 대는 사람들은 달랐다. 지인이는 촛불 집회가 어떤 사람들에게는 블로그에 올리기 위한 구경거리에 불과하다는 사실이 속상했다.

무엇보다도 지인이가 가장 화가 난 것은 온 나라에 촛불의 물결이 일렁이는데도 꿈쩍도 하지 않는 정부였다. 오히려 강경하게 시위를 진압하는 것으로 일관하는 정부는 대체 무슨 생각을 하고 있는 것일까? 지인이는 정부의 태도에 정말 실망했다.

촛불 집회가 한창 이어지던 무렵, 학교에서 정치 과목 시간에 교과서를 읽는데 지인이의 눈을 붙잡는 대목이 있었다. "국가의 정당성은 국민의 지지로부터 나온다. 따라서……' 지인이는 한동안 멍했다. 그리 새로울 것도 없는데 그 문장이 머릿속을 가득 채웠다. 만약 촛불 집회에 참여하지 않았더라면 그냥 넘어갔을 대목이었다. 지인이는 주먹을 불끈 쥔다.

"국민이 지지해야 국가의 정당성이 성립되는 거잖아요. 그 문장을 읽고 한동안 멍했어요. 현실은 전혀 안 그렇잖아요. 국민의 지지는커녕 국민이 온몸으로 반대하고 저항하는데 정부는 폭력과 물대포로 일관하고 있잖아요. 공부는 현실을 보면서 느끼고 체득해야 하는데 현실은 전혀 달라요."

2008년 6월 29일

내가 선택한 사회탐구 네 과목 중 하나는 정치.

하지만 책을 펼 수가 없다.

책 내용을 한 줄 한 줄 읽을 때마다 분노가 솟구친다. 학생들에게 가르치는 정치는 도대체 현실 어디에 있는가.

분노는 이성을 마비시킨다. 난 이제 침착하게 사유하기도 힘든 상태가 됐다.

－지인이의 미니홈피 게시판 '일상톡톡' 중에서

촛불 집회에 참여하는 동안 지인이의 머릿속에 내내 떠올랐던 것이 있다. 바로 5·18광주민주화운동의 한 장면이었다. 인터넷 동영상으로 본 회색빛 영상이었다. 수많은 광주 시민들이 팔짱을 끼고 구호를 외치며 하나가 된 모습이었다. 지인이는 그들의 희생이 있었기에 지금 이 사회가 존재할 수 있다고 생각한다. 지인이가 촛불을 든 이유도 그것이다. 자신의 촛불이 훗날 이 사회를 지탱하는 바탕이 되기 때문이다. 지인이의 목소리가 한 옥타브 높아진다.

"사실 우리는 누군가의 투쟁과 희생을 바탕으로 살고 있는 거잖아요. 내가 지금 이만큼 안락하게 살 수 있는 것도 지금껏 정의를 위해 목숨을 바친 수많은 사람들이 있었기 때문이죠. 지금도 마찬가지예요. 더 나은 사회를 위해 투쟁하며 살아온 사람들의 노력과 변화에 무임승차해서 살지는 말아야 해요."

지인이는 '무임승차'라는 말에 또박또박 힘을 준다. 현실은 교과서에 나오는 정치와는 너무 다르기 때문에 더욱 그래야 한다는 것이다. 지인이는 누군가의 투쟁과 희생 덕분에 자신이 지금 웃을 수 있다는 사실을 내내 기억하고 싶다. 또한 많은 사람들이 무임승차하지 않기를 간절히 바란다.

희망과 절망이 공존하는 '뫼비우스의 띠'

지난 10월 11일, 지인이는 오랜만에 종로에 나갔다. 촛불 집회 수배자들이 조계사에서 농성을 벌인 지 1백 일째 되는 날이었다. 1백 일을 기념해 촛불 문화제가 열린다는 소식을 듣고 지인이는 한달음에 달려갔다. 조계사는 많은 사람들과 취재진들로 북적였다. 지인이는 초를 받아 들고 자리를 잡고 앉았다. 참 오랜만에 다시 촛불을 들었다.

지난 5~7월은 지인이의 마음을 뜨겁게 만든 시간이었다. 분노하고, 때로는 울고 웃으며 보낸 그 시간 동안 지인이는 많은 것을 느꼈다. 수배자들의 농성 1백 일을 기념하는 자리에 앉아 다시 촛불을 드니 그때 생각이 새록새록 살아났다. '촛불 집회는 나에게 어떤 의미였나? 앞으로 어떻게 해야 할까.' 지인이는 수없이 떠오르는 생각들을 하나씩 곱씹으며 촛불 집회를 한 문장으로 정리했다.

"저에게 촛불 집회는 희망과 절망이 공존하는 뫼비우스의 띠였다고 생각해요."

뫼비우스의 띠는 독일의 수학자 뫼비우스가 발견한 도형으로, 기다란 직사각형 종이를 한 번 비틀어 양쪽 끝을 맞붙인 모양이다. 뫼비우스의 띠는 안과 밖이 따로 구분되지 않는다. 뫼비우스의 띠처럼 지인이에게 촛불은 희망과 절망을 따로 구분할 수 없는 경험이었다. 함께 촛불을 들고 구호를 외치며 가슴 뜨겁게 느꼈던 연대가 희망이라면, 집회 뒤의 어두운 모습은 절망이었다. 우리 사회가 더 나아질 수 있을 거라는 확신이 희망이라면, 분명한 한계가 있다는 사실은 절망이었다. 지인이는 끝없이 희망과 절망이 되풀이되는 시간을 보냈다. 하지만 지인이는 아직은 절망할 때가 아니라고 생각한다. 아직은 희망이 더 많기 때문에 지인이는 바라는 것이 많다.

"다시 한번 촛불을 들게 된다면 집회가 조금 더 체계가 있었으면 좋겠어요. 집회를 이끄는 지도부가 목표를 뚜렷하게 세울 필요가 있는 것 같아요."

지인이가 이런 생각을 하게 된 것은 촛불 집회 때 번진 '프락치 논쟁'과 같은 사건 때문이다. 집회 참가자들 중 일부가 몇 사람을 지목해 프락치라고 추궁하는 일이 있었다. 지인이는 그런 혼란의 원인이 체계적인 지도부가 없었기 때문이었다고 생각한다. 시민 단체나 운동 단체가 주도하는 것이 아니라, 시민들이 자발적으로 만든 체계 있는 조직이 필요하다는 얘기다. 만약 그랬다면 촛불 집회가 더 오래 힘을 발휘할 수 있지 않았을까.

대학 수학 능력 시험이 며칠 앞으로 다가왔다. 시험을 치르고 나면 이제 지인이는 커다란 짐 하나를 내려놓는 셈이다. 한때 지인이는 대학을 안 가도 그만이라고 생각했다. 대학 간판으로 자신의 정체성을 규정받는 게 싫었기 때문이다. 그런데 촛불 집회에 깃발을 들고 참가한 많은 대학생들을 보면서 지인이의 생각이 달라졌다.

"1인 시위를 하거나 혼자 오랫동안 투쟁을 해서 변화를 일궈 낸 사람들의 이야기를 들으면 소름이 돋아요. 하지만 그분들도 주변에 도움을 주고받고 함께 할 수 있는 울타리가 있더라고요. 촛불 집회 때 친구와 시간이 안 맞아서 혼자 나갈 때가 많았거든요. 참 외롭고 힘들었어요. 뜻을 함께 하는 사람들과 같이 있다면 덜 힘들 것 같다는 생각을 많이 했어요. 만약 제가 어떤 단체나 모임에 속해 있었다면 촛불을 더 오래 들지 않았을까 하는 생각이 들어요."

지인이는 이제 새로운 울타리를 찾아 나선다. 그 목표를 달성하지 못할 수도 있다. 그래도 절망하지 않을 것이다. 다시 자신에게 맞는 울타리를 만들면 그만이니까. 지인이는 촛불 집회를 통해 희망과 절망 모두를 얻었다. 하지만 지인이는 '진짜 희망'을 발견한 것인지도 모른다.

**촛 불 에
대 한
기 억**
촛불 집회를 이끈 청소년들이 한자리에 모였
다. 연우| 17세, 국립국악고 |는 과외 선생님이 들려준
'골 때리는' 미국산 쇠고기 이야기에 화가 나 집
회에 참가했다. 여진| 18세, 미림여고 |이는 설마 설마
하다가 기가 막혀 촛불을 들었다. 세중| 18세, 신성고 |이는 국민으로
서 책임감 때문에 촛불 집회에 참가했다. 촛불을 들게 된 이유도,
참여한 방법과 생각도 모두 달랐지만, 촛불을 들었던 세 친구의
마음만큼은 모두 똑같았다. 촛불이 꺼진 지 벌써 여러 달이 지났
지만, 세 친구들의 가슴에는 아직도 촛불이 타고 있다고 한다.

내가 촛불을 든 이유

청계광장에 첫 촛불이 켜지던 5월 2일, 학원에서 돌아온 연우
는 텔레비전 뉴스를 보았다. "청계광장에서 미국산 쇠고기 수입
협상에 반대하는 첫 촛불 집회가 열렸다"는 아나운서의 목소리
가 흘러나왔다. 연우의 가슴이 뛰기 시작했다. 광우병 위험이 있
는 쇠고기를 전면 수입하겠다는 대통령의 결정을 이해할 수 없
었다. 그런데 청소년들이 이 문제에 적극적으로 문제 제기를 했
다고 한다. 연우는 자신도 뭔가 해야겠다는 생각이 들었다. 연우
가 푹 눌러쓴 모자를 위로 살짝 올리고 입을 연다.

"그래도 과외 선생님이 아니었으면 집회에 나가지는 않았을
거예요."

연우가 장난기 가득하게 웃는다. 사실 연우는 사회에서 일어

나는 사건들에 별로 관심이 없었다. 이른바 '예술'을 전공하다 보니 아무래도 사회문제나 정치적인 주제에는 관심을 기울이기 어려웠다. 학교에서도 오로지 국악에만 집중하다 보니 더 그랬다. 그런데 연우의 가슴에 과외 선생님이 불을 댕겼다. 과외 선생님은 "진짜 골 때리는 얘기해 줄게"라는 말을 시작으로 미국산 쇠고기 협상의 문제점부터 광우병까지 속속들이 이야기를 해 주었다.

"아, 진짜 화가 나더라고요. 뭐 이런 경우가 다 있나 싶었어요. 가만히 있어서는 안 되겠다는 생각이 들었죠."

연우는 자신의 생각을 곧바로 행동으로 옮겼다. 수업이 끝난 뒤 청계광장으로 갔다. 가방에는 초 몇 개와 종이컵이 들어 있었다. 연우는 10일에 열린 촛불 집회에서 수백 명의 사람들 앞에 섰다. 집회에 참여한 한 단체의 제안을 받아 강단에서 '대국민 선언문'을 낭독했다. 무척 떨렸지만, 낭랑한 목소리로 대국민 선언문을 읽었다. 그 자리에 선 이상, 촛불 집회에 참가하고 있는 모든 청소년들을 대표하고 있다는 생각 때문이었다.

연우의 이야기를 듣고 있던 여진이가 "열 받아 나온 건 나랑 똑같네" 하며 말을 건넨다. 여진이는 미국산 쇠고기 수입 협상 이야기를 듣고 촛불 집회에 참가하기 위해 아르바이트로 일하던 레스토랑을 그만두었다.

"저는 처음에 설마 설마 했어요. 사실 광우병이 위험하다는 것은 알고 있었거든요. 그런데 대통령이 전면 수입 결정을 내릴 줄은 몰랐어요. 종로 근처에서 아르바이트를 하고 있었는데, 일이 끝나서 집에 가려고 나오면 날마다 촛불 집회 하는 사람들로 북적였어요."

처음에는 집으로 갔다. 하지만 며칠이 지나자 차마 집으로 갈 수가 없었다. 아르바이트를 하면 용돈 몇 푼 더 벌지 모르지만, 촛불 집회가 훨씬 더 중요하다는 생각이 들었다. 아르바이트를 그만둔 이유는 순전히 그 때문이었다.

세중이는 5월 2일 처음 촛불 집회가 열리던 날 인터넷에서 생중계를 보았다.

"처음 촛불 집회가 열리기 전부터 소식을 들었어요. 첫날부터 나가고 싶었는데 같이 갈 사람이 없어서 용기가 나지 않았어요. 그래서 며칠 동안 인터넷으로 생중계를 보다가 10일에 처음 청계광장에 나갔어요."

인터넷 웹서핑을 즐기는 세중이는 광우병과 미국산 쇠고기 수입 협상과 관련된 정보에 대해 잘 알고 있었다. 촛불 집회를 열려는 움직임이 있을 무렵 세중이는 이미 촛불 집회에 참가할 마음을 굳혔다. 다만 그 첫발을 떼는 데 시간이 조금 걸렸을 뿐이다. 처음 촛불 집회에 나갔을 때 조금 멋쩍었다고 한다.

세중이의 이야기를 듣다가 연우가 "그러고 보니 나는 엄마 덕분에 외롭거나 쑥스럽지 않았던 것 같아" 하며 끼어든다. 연우는 줄곧 엄마와 촛불 집회에 참여했다. 연우와 엄마는 몇 차례 언론에 소개되기도 했다. 연우는 엄마와 같이 촛불 집회에 참여한 것

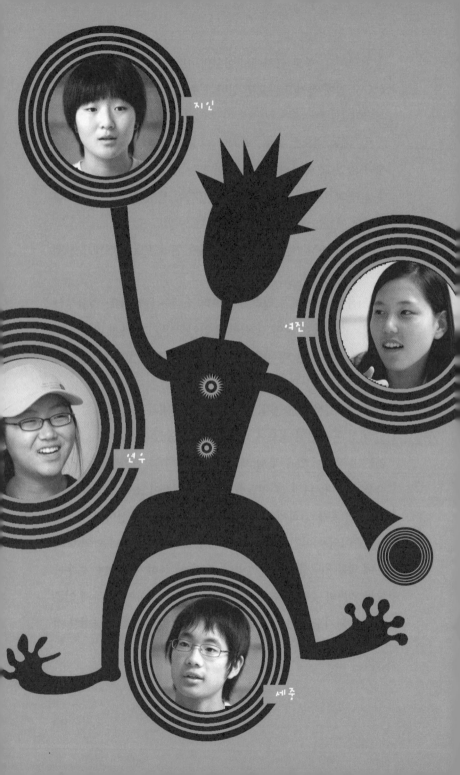

지인

여진

연우

세종

뿐만 아니라 사람들과 함께 했다는 사실만으로도 좋았다고 한다. 세중이 역시 촛불 집회에 함께 갈 친구가 필요해 나중에 결성된 '10대연합'에 가입했다.

배 후 세 력 은 양초 공장!

촛불 집회가 한창이던 5월 20일 무렵, 인터넷에서 재미난 패러디가 빠르게 번지기 시작했다. 법무부 장관과 경찰청장이 한 말이 언론을 통해 보도되면서 네티즌들이 이를 패러디한 것이 유행처럼 번진 것이다. 촛불 집회를 배후 조종한 사람을 검거하겠다는 발언이었지만, 네티즌들에게는 한낱 코웃음거리일 뿐이었다. 인터넷에는 "전 국민이 배후다. 전 국민을 구속하라", "촛불은 내가 샀다. 배후는 양초 공장" 등과 같은 재치 있는 댓글들이 달렸다.

세 친구들도 당시 상황을 잘 기억하고 있다. 촛불 집회에 대한 정부의 태도가 강경해지면서, 학교 역시 촛불 집회에 참가하는 학생들을 막기 위해 애를 썼다. 여진이네 학교에서도 가정통신문을 발송했다. 내용은 촛불 집회 참가를 막아 달라는 내용이었다. 여진이가 재미있다는 듯 웃으며 입을 연다.

"대통령과 정부는 심각한데 학생들은 별로 심각하지 않은 분위기였어요. 아이들은 학교에서 나눠 준 가정통신문을 대부분 쓰레기통에 버렸거든요. 그게 코미디잖아요. 지금 시대가 어떤 시대인데 배후설 운운하면서 촛불 집회에 가지 못하게 하라는 통신문을 부모한테 보내요?"

여진이는 촛불 집회 참가를 막는 것은 시대착오적 발상이라고 생각한다. 어른들의 이런 행동은 청소년들을 인정하지 않는 하나의 예라고 말한다. 청소년들이 이 사태의 심각성을 판단해서 행동하는 것이라고 생각했다면, 가정통신문을 집으로 보내 막으려고 하지는 못했을 거라고 한다.

세중이네 학교도 분위기가 살벌하긴 마찬가지였다. 촛불 집회에 가려면 담임 선생님의 확인증을 받고 나가야 했다. 한마디로 가지 말라는 얘기였다고 세중이는 말한다. 세중이도 이런 어른들의 행동이 시대착오적이라는 여진이의 말에 동의한다. 세중이는 이런 생각을 하고 행동하는 어른들은 모두 촛불 집회에 참여하지 않아서 그런 것이라고 생각한다.

"집회에 한 번도 안 나와 본 거죠. 만약 나와 봤다면, 누군가 청소년들을 선동한 것이 아니라는 것을 알았을 거예요. 집회에 참여해서 청소년들과 시민들이 함께 어울려 촛불을 들고 외치는 그 모습을 직접 보지 못했다면 여전히 청소년들이 누군가에게 조종을 당해 휩쓸려 나왔다고 생각할 거예요."

세중이가 목소리를 높이자 연우도 고개를 끄덕인다. 연우는 사실 더 화가 난다. 그래도 어른들이 사회를 잘 이끌어 나간다고 생각하고 있었기 때문이다. 그렇지만 이번 촛불 집회를 통해 어른들과 정치인들을 다시 보게 되었다. 연우는 청소년들이 정치에 적극 참여해야 한다고 주장한다.

"대통령, 경찰청장, 법무부 장관, 그 밖의 무수한 어른들이 하는 이야기를 듣고 진짜진짜 황당했어요. 아까도 말했지만 저는 정치에 관심이 없었어요. 정치는 어른들 영역이고, 국회에서 만날 싸움을 해도 어른들이니까 잘할 거라고 생각했거든요. 그런데 이제는 아니에요. 청소년들을 포함해서 국민들이 아주 적극적으로 정치에 관여하고 참여해야겠다는 생각밖에 안 들어요."

촛불의 의미

　촛불 집회가 끝난 지 여러 달이 지났다. 세 친구들은 그동안 많은 생각을 했다. 그중에서도 촛불 집회에 대해 사람들의 여론과 평가가 점차 바뀌어가는 것이 가장 힘들었다. 학생 신분으로 적극적으로 거리에 섰지만 크게 달라진 것이 없는 것 같기 때문이다. 하지만 촛불 집회는 분명 큰 변화를 일으켰다. 미국산 쇠고기 수입을 막지 못했고, 학생들은 다시 학교로 돌아가야 했지만 사회를 바라보는 세 친구들의 마음만큼은 변했기 때문이다.

　여진이는 촛불 집회에 참여했던 시간을 떠올리면 '풀지 않은 선물 상자'가 떠오른다. 아직은 그 안에 뭐가 있는지 모르는 선물 상자. 촛불 집회를 통해 얻은 결실이 당장 눈에는 보이지 않지만 무한한 가능성을 품게 해준 선물 상자라고 여진이는 생각한다.

　"풀지 않은 선물 상자라는 표현이 제일 적절할 것 같아요. 배운 게 많기는 하지만, 사실 그 경험을 통해서 제가 무엇을 얻었는지는 확실하지 않아요. 앞으로 드러나겠죠. 그러니 풀어 보면 실망할 수도 있고, 만족할 수도 있겠죠. 실망과 만족, 그 모든 가능성을 담고 있는 상자라고 하면 되겠네요."

여진이와 달리 연우는 촛불 집회를 통해 분명한 변화를 경험했다.

"저는 사실 별 생각 없이 살았어요. 큰 사건이 일어나도 어떤 때는 일부러 고개를 돌리기도 했으니까요. 하지만 이번 촛불 집회를 통해서 현실을 보는 눈을 얻었어요. 정말 소중한 걸 배웠어요."

세중이에게 촛불 집회는 다른 친구들과 달리 '에너지' 그 자체였다. 다시 힘이 나게 하고 열심히 살고 싶은 힘을 준 경험이었다. 세중이는 자신이 나서야 할 일이 생긴다면 그 에너지를 얻기 위해 언제든 달려갈 준비가 되어 있다. 세중이는 "집회에 참여하는 것이 무슨 좋은 이력이겠어요?" 하며 농담을 한다. 세중이는 사회문제에 앞으로 더 적극 참여할 것이라고 다짐한다.

세중이의 말이 끝나자마자 여진이가 "어, 나도!" 하며 맞장구를 친다. 여진이가 웃으며 말한다.

"제 꿈이 연극배우거든요. 연극하는 사람들은 대부분 사회문제에 관심이 없는 것 같아요. 하지만 저는 연극을 통해 사회의 여러 문제들을 알려 많은 사람들이 관심을 갖게 하고 싶어요. 연극이라는 문화적인 소재가 참 좋잖아요. 연극을 통해 사회문제들을 알리고 깨우치게 한다면 정말 의미 있을 것 같아요."

연우도 비슷한 꿈을 꾸고 있다.

"제가 지금 국악을 전공하고 있잖아요. 그런데 국악하는 사람들도 사회문제에 관심이 없어요. 그런 면에서 제가 할 일이 있지 않을까 싶어요. 음악을 하면서도 사회문제에 관심을 갖고 중요한 순간에 발언도 하고 참여도 하고⋯⋯. 음악이 세상을 아름답게 하지만, 사회참여 역시 세상을 아름답게 하는 일이잖아요."

연우의 말에 여진이와 세중이가 고개를 끄덕이며 웃는다. 이제 이 친구들은 촛불을 들기 전으로 돌아갈 수 없다. 이전에는 보지 못했던 것들을 보았고, 많은 것을 깨달았기 때문이다. 촛불을 들고 거리에 서는 동안 세 친구들의 가슴에는 미래를 향한 희망의 새싹이 돋았다.

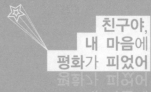

친구야,
내 마음에
평화가 피었어

평화가 피었어
내 마음에
친구야

버마의 평화를 고민하는 리타

아무도 출근하지 않는 토요일 오후. 성북구 삼선동에 있는 '함께 하는시민행동' 사무실에서 두런두런 말소리가 흘러나온다. 검은 피부에 곱슬머리의 외국인과 앳된 소녀가 컴퓨터를 바라보며 이야기를 나누고 있다.

"리타, 이 말의 뜻은 조금 더 짧게 고쳤으면 해요."

"선생님 말은 알겠는데요. 그렇게 되면 의미가 달라질 수가 있어요. 그냥 쓰는 게 나아요."

"그럼 아예 다른 말로 다시 바꿔 보도록 해요. 내가 다시 말해 볼 테니 뜻이 맞는지 리타가 잘 봐주세요. 버마 군부는 이재민 돕기 국제회의에서 이재민 구호 사업은 마무리가 잘 되었으니……."

우리말이 서툴러 보이는 외국인의 나직한 목소리와 한 소녀의 명료한 말투. 두 사람의 대화는 한참 계속된다. 얼마나 지났을까. 두 사람은 한 문장을 읽으며 동시에 고개를 끄덕인다. 사무실 창밖으로 굵은 빗줄기가 후두둑 떨어지기 시작한다.

선생과 학생이 함께 자란다

버마 출신 활동가인 마웅저| Maung Zaw, 39세 |는 매주 함께하는시민행동 사무실을 찾는다. 그는 함께하는시민행동의 인턴으로 활동하고 있다. 이곳에서 리타| 18세 |를 만난다. 한국에서 산 지 벌써 13년이 되었지만, 마웅저는 아직 우리말이 서툴다. 글을 쓰는 일은 더 그렇다. 리타는 마웅저의 글을 손봐 주고 있다. 리타는 마웅저의 한국어 교사다.

마웅저는 인터넷 신문에 버마에 대한 이야기를 연재하고 있다. 리타는 그 기사를 보내기 전에 교정을 본다. 문맥이 맞지 않는 문장이나 잘못 쓴 단어를 찾아 고친다. 물론 리타 마음대로 고치지는 않는다. 마웅저와 함께 토씨 하나까지 의논한다. 잘못 쓴 문장은 마웅저가 쓰고 싶었던 본래 뜻을 물어보고 적합한 단어를 찾은 뒤 동의를 구해 고친다. 과정이 간단치가 않다. 일을 하다 보면 하루가 훌쩍 지날 때가 많다. 밤늦게 끝날 때도 자주 있는데 리타는 불평 한마디 하지 않는다. 기사에 자기 이름 한 줄 나오지 않지만, 한번도 얼굴을 찡그린 적이 없다. 마웅저는 그런 리타가 고맙다.

다른 한국어 교사가 없었던 건 아니다. 대학원생이나 글을 전문으로 쓰는 사람이 선생이었던 적이 있었다. 리타가 지금 고쳐 준 글보다 훨씬 더 멋지게 고쳐 준 경우도 많았다. 하지만 그들이 고쳐 준 글은 왠지 남이 쓴 글 같았다. 단어도 너무 어려웠다. 그에 비해 리타의 글은 달랐다. 마웅저가 말하고자 하는 바를 잘

살려 냈고 이해하기도 쉬웠다. 마웅저는 리타가 최고의 한국어 교사라고 말한다.

"사람들은 다른 선생님들이 고쳐 준 글을 보고 잘 썼다고 했어요. 하지만 그 글을 보면 내가 이해가 안 가요. 너무 어려워요. 하지만 리타가 고쳐 주는 글은 제 뜻과 느낌이 그대로 살아 있어요. 제가 쓰는 글이 버마의 민주화에 대한 글이기 때문에 내 느낌이 살아 있어야 해요. 리타는 최고예요."

마웅저는 "최고"라는 대목에서 엄지손가락을 번쩍 치켜든다. 리타가 살짝 얼굴을 붉히며 웃는다. 마웅저의 글을 손봐 주는 일은 리타에게도 큰 의미가 있다. 마웅저의 글을 통해 배우는 게 많다. 활동가가 되고 싶어 하는 리타에게는 마웅저가 좋은 선생님이다. 리타는 "열심히 활동하고 진심을 담아서 글을 쓰는 마웅저"를 곁에서 보는 것이 감사하다. 리타는 그 마음을 배우려고 애쓴다.

작년 9월에 리타는 마웅저의 한국어 교사가 되었다. 리타가 먼저 손짓을 했다. 특별히 잘하는 건 없지만, 글을 번역하는 정도는 할 수 있다고 메일을 보냈다. 하지만 마웅저는 리타의 편지를 받고 깜짝 놀랐다. 리타가 이렇게 적극 나설 거라고는 생각하지 않았다. 마웅저는 웃는 얼굴로 리타를 힐끔 보더니 말을 잇는다.

"내가 아는 리타는 조용하고 말수가 없는 학생이었어요. 다른 친구들이 버마에 대해 이야기하고 질문할 때 리타는 가만히 있었어요. 그런데 리타가 메일을 보내서 깜짝 놀랐어요. 말은 없지

열심히 일하고

진심을 담아서 글을 쓰는

마음저를 보는 것이 감사해요.

마음저와 리타

만 버마에 대한 생각을 많이 했던 것 같아요."

마웅저가 리타를 처음 본 때는 2007년 1월이었다. 리타가 다녔던 하자센터| http://haja.net |의 글로벌학교에서 그를 초청했다. 글로벌학교는 메솟에 있는 난민촌으로 현장학습을 갈 준비를 하고 있었다. 학생들은 난민촌으로 떠나기 전 마웅저에게 버마와 난민촌의 상황에 대해 들었다. 그때만 해도 리타는 말수 없는 조용한 아이였다. 그런데 리타가 난민촌에 다녀온 이후 마웅저에게 먼저 연락을 한 것이다. 마웅저는 리타의 메일이 놀랍고도 반가웠다.

리타는 조용히 고개를 끄덕인다. 입가에는 살짝 미소를 짓고 있다. 마웅저의 이야기가 재미있는 모양이다. 한참 듣고만 있더니, "맞아요. 그땐 제가 좀 조용했어요" 하고 웃는다. 마웅저는 리타와 눈을 맞추더니 "참 조용했지요?" 하며 함께 웃는다.

그렇게 두 사람이 만난 지 어느새 1년이 다 되어 간다. 그 사이 인터넷 신문에 기고하는 기사 10여 개를 수정했고, 요즘에는 한 방송사에서 요청한 다큐멘터리 번역 작업을 함께 하고 있다. 그렇다고 두 사람이 늘 사이가 좋은 것은 아니다. 서로 의견이 달라 삐그덕거릴 때도 있었다. 처음에는 리타가 자신의 의견을 강하게 내세우기도 했다. 하지만 지금은 마웅저의 생각을 존중하고 살리려고 노력한다. 이 일의 진짜 의미가 그것이라고 생각하기 때문이다.

"함께 일하는 법을 배웠어요. 제 생각을 주장하기보다는 주로 마웅저 선생님의 말을 경청하죠. 기사에서 전달하려는 생각과 뜻이 무엇인지를 더 많이 들으려고 해요."

기사를 함께 고치면서 두 사람은 서로에게 진한 흔적을 남겼다. 리타의 최선을 다하는 모습과 마웅저의 진심을 담아 활동하는 모습이 서로에게 진한 향기가 되어 가슴에 남은 것이다. 마웅저와 리타는 서로 선생이 되고 학생이 된다. 함께 배우고 같이 자란다.

가슴에 사람이 남았다

리타는 열여덟 살이다. 또래 친구들은 대학 입시에 찌들어 있는 고등학교 3학년이다. 하지만 리타는 학교에 다니지 않는다. 힘 있는 친구들이 약한 친구들을 괴롭히는 학교가 싫어 떠났다. 벌써 3년째 리타는 자유인으로 살아가고 있다.

자유인 리타에게도 부모님이 지어 준 이름이 있다. 하지만 리타는 요즘 그 이름으로 불리는 일이 별로 없다. 언제부턴가 사람들은 그저 "리타"라고만 부른다. 어떤 때는 진짜 이름이 낯설기까지 하다. 리타 자신도 '리타'라고 불리는 편이 훨씬 더 편하다. 별칭은 글로벌학교에서 만들었다. 글로벌학교가 소속되어 있는 하자센터에서는 이름 대신 별칭을 부른다. 자기 마음에 드는 별칭이면 아무것이나 괜찮다. 리타는 자신의 별칭이 아주 마음에 든다.

글로벌학교는 하자센터의 청소년 해외 교류 프로그램이다. 세상과 이웃을 알기 위해 청소년들 스스로 기획하고 찾아 나설 수 있는 학교다. 리타는 글로벌학교가 참 고맙다. 많은 사람들을 만나고 여러 가지를 배울 수 있었기 때문이다. 하지만 그중에서도 가장 고마운 것은 메솟을 만난 것이다. 리타는 2007년 1월과 8월 두 번 메솟에 다녀왔다.

태국 국경 지대에 있는 메솟은 난민촌이 밀집해 있는 지역이다. 버마에서 워낙 가깝다 보니 메솟에 거주하는 사람들은 대부분 버마 난민들이다. 메솟에는 난민촌이 일곱 곳 있다. 리타와 친구들은 그중 멜라 난민촌을 방문했다. 거기서 리더십매니지먼트교육센터। Leadership Management Training Center, LMTC I에 머물면서 다양한 경험을 했다. 카렌청소년발전센터। Karen Youth Development Center, KYDC I나 팔라웅여성조직। Palaung Women's Organization, PWO I과 같은 단체를 방문했다. 준비해 간 다양한 활동을 하면서 버마 친구들과 소통하기도 했다. 주로 연극이나 마술, 난타, 자서전 쓰기 등이었다. 난민촌 친구들의 반응은 아주 뜨거웠다. 영어로 소통을 했는데 서툴지만 많은 이야기를 나누었다. 특히 리타는 자서전 쓰기가 가장 기억에 남는다. 살면서 겪은 이야기들을 자서전으로 쓰고 함께 이야기하는 활동이었다.

리타는 국가평화발전위원회। State Peace Development Council, SPDC I가 동생을 살해한 이야기를 쓴 친구가 자서전을 읽을 때 그 얼굴을 잊을 수가 없다. SPDC는 군사 쿠데타를 일으켜 정부를 차지했다. SPDC는 자신들에게 항거하며 저항운동을 하는 버마 사람들을 마구 학살하고 있다. 리타는 어이없다는 표정으로 입을 연다.

"국가평화발전위원회라는 이름이 정말 웃긴다고 생각해요. 평화와 발전이라고 하면서 사실 전혀 그렇지 않거든요. SPDC에서 아이들과 여자들을 마구 죽이고 있어요. 폭력의 실체인 군사정부가 평화와 발전이라는 이름을 달고 있다는 게 정말 아이러니해요."

버마의 슬픈 역사가 시작된 것은 1962년이다. 버마는 130여 개의 소수 민족으로 이루어진 나라이다. 이 소수 민족들이 자치권 확대를 주장하자 버마 연방 해체를 반대하던 군부가 군사 쿠데타를 일으켰다. 군사 쿠데타를 일으킨 네윈 장군은 '버마사회주의'를 표방하면서 국가를 통치하려 했다. 하지만 이 시도는 버마를 아시아에서 가장 가난한 나라로 만들어 버렸고, 국민들은 더욱 살기 힘들어졌다. 그리고 소수 민족들을 계속 탄압하자 그들도 거세게 저항하기 시작했다.

이후 버마의 민주화를 요구하는 목소리가 높아졌다. 1988년 8월 8일에 일어난 대규모 항쟁에는 학생, 승려, 노동자, 공무원, 군인들이 모두 참여하기도 했다. 그러나 같은 해 9월 18일에 다시 군부 쿠데타가 일어나 정부를 장악했다. 그 이후 지금까지 군인들은 민주주의를 요구하는 사람들을 학살하고 탄압하고 있다. 특히 2007년 8월 15일에 민주화를 요구하는 버마 국민들이 대규모 시위를 벌이기도 했다. 군부의 유혈 진압으로 많은 사람들이 목숨을 잃었다.

버마의 상황이 이렇다 보니 리타가 난민촌에서 만난 친구들은 대부분 가족을 잃어버린 상태였다. 그 친구들에게 학살과 죽음은 일상이었다. 리타는 폭력과 학살에 익숙해진 친구들 때문에 때로는 우울한 기분이 되기도 했다. 한번은 이런 일도 있었다.

"신문에서 버마 국민들이 학살당한 사진을 보고 굉장히 충격을 받았어요. 그래서 난민촌에서 만난 한 친구에게 그 사진을 보여주면서 심각한 표정으로 '난 너무 충격받았다. 어떻게 이런 일이 있을 수 있느냐?'고 했죠. 그런데 그 친구 표정이…… 정말 아무렇지도 않은 거예요. 그 정도 일은 대수롭지 않다는 표정이었어요. 당시에는 조금 놀랐어요. 버마 상황을 알게 된 뒤 그 친구를 이해하게 됐죠. 하지만 조금 우울했어요."

하지만 리타에게 메솟에서의 기억이 모두 씁쓸했던 것은 아니다. 되새길수록 가슴 따뜻해지는 기억도 있다. 그곳을 떠난 지 1년이 다 된 지금까지 그리운 친구가 있다. 가장 기억에 남는 친구는 루디ᴵ 가명 ᴵ다. 루디는 네 살 때 부모가 교육을 위해 메솟으로 보냈다고 했다. 루디는 아주 총명했다. 루디는 부모님과 연락이 끊긴 지 무려 15년이나 되었다고 한다. 부모의 생사도 모르고 있었다. 그런데도 루디는 정말 씩씩했다. 루디는 버마의 소수 민족인 카렌족 출신이었다.

"루디는 굉장히 카리스마가 있는 친구였어요. 영어도 무지 잘했어요. 그 친구가 제일 기억에 남아요. 루디의 꿈은 아웅산 수지 같은 정치인이 되는 거예요. 그런데 루디가 정치인이 되려는 이유는 유명해지기 위해서가 아니에요. 난민으로 살고 있는 이웃들이 행복해졌으면 하는 마음 때문이었어요. 우리나라 친구들은 대부분 자기가 잘살기 위해 뭔가 되고 싶어 하잖아요. 그런데 루디는 함께 행복해지고 싶어 하는 마음이 많았어요."

리타에게 이웃과 함께 행복해지기 위한 꿈을 꾸는 루디의 모습은 낯설었다. 리타를 비롯한 다른 친구들은 '누군가를 위해' 꿈꾸지 않는다. 자신이 행복해지기 위해, 조금 더 나아가 '가족을 위해서' 정도라면 모를까. 하지만 루디는 달랐다. 자신이나 가족이 아니라 자신의 민족인 카렌족이 행복해지기를 바랐다. 그리고 버마의 민주화가 이루어졌으면 좋겠다고 했다. 루디뿐 아니라 메솟에서 만난 친구들은 대부분 그랬다. 자신보다는 친구, 민족, 나라를 먼저 생각했다.

리타는 늘 입버릇처럼 활동가가 되겠다고 했다. 1년 전쯤 《다시 쓰는 한국 현대사》를 읽고 한 결심이었다. 왜곡된 역사적 사실과 사회문제를 알리고 바로잡는 일을 하겠다고 다짐했던 것이다. 하지만 메솟의 친구들을 떠올리니 너무 부끄러웠다. 리타는 한동안 아무 말 없이 창밖을 바라보다가 말을 잇는다.

"메솟에서 돌아온 뒤 활동가가 되겠다는 말은 자제하고 있어요. 그냥 일부러 그러는 건 아닌데, 조금 더 철이 들었다고 해야 하나. 진짜 활동가가 되려면 더 진지해져야겠다는 생각이 들었어요. 다 메솟에 있는 친구들 덕분이죠."

리타는 요즘도 메숏에서 만난 친구들과 메일을 주고받는다. 꾸준히 연락하는 친구는 두 명이다. 한 친구는 메숏에서 열심히 공부하고 있고, 다른 친구는 난민 신청이 받아들여져 미국에서 살고 있다. 다른 친구들은 어떻게 살고 있을까? 연락이 끊긴 친구들은 건강하게 살고 있을까? 궁금한 게 많지만 리타가 할 수 있는 건 그들을 잊지 않는 일이다. 리타는 친구들이 보여 주었던 마음과 버마의 민주화와 소수 민족들에 대한 이야기를 가슴속에 간직해야겠다고 다짐한다.

미얀마가 아니라 버마라고 불러 주세요

리타는 변했다. 전에는 사색에 잠기는 것을 좋아했다면, 지금은 먼저 실천을 하고 있다. 리타는 버마의 민주화를 위한 활동에 열심히 참여하고 있다. 그중 리타에게 가장 의미 있는 활동은 '피스 라디오ㅣ Peace Radio ㅣ 캠페인'이다. 피스 라디오 캠페인은 버마로 라디오를 보내는 운동이다. 군부가 장악한 방송사들은 진실과는 다른 내용을 보도해 국민들의 눈과 귀를 막고 있다. 버마 망명자들은 외국에서 버마 소식을 전하는 방송을 시작했다. 이 방송들은 경제와 교육 문제에서부터 버마의 평화와 민주화 등에 대한 내용들까지 고루 다루고 있다. 하지만 이 방송을 듣기가 쉽지 않다. 라디오를 살 만한 형편이 안 되는 사람들이 대부분이기 때문이다. 이에 착안한 함께하는시민행동은 2007년에 피스 라디오 캠페인을 벌였다. 버마 국민들이 진실을 알 수 있도록 귀를 열어 주

고자 한 것이다. '버마민주화의소리| Democratic Voice of Burma, DVB |
등 여러 방송사에 라디오를 보냈다.

리타는 이 캠페인에 적극 참여했다. 버마에 진실을 들려줄 목소
리가 필요하다는 것을 그 누구보다 잘 알기 때문이다. 리타는 한
창 캠페인이 진행될 때 방송사에 편지 한 통을 보냈다. 버마 사
람들에게 희망을 주기 위해 요청받은 것이지만 리타는 즐거운
마음으로 편지를 썼다. 메솟의 친구들 중 누군가에게 보내는 마
음으로.

안녕하세요. 저는 열여덟 살 된 청소년 리타라고 합니다. ……

사실 한국의 많은 젊은이들은 이웃을 위해 살기보다는 자신과 가족을 위해 살아가
고 있습니다. 하지만 저와 제 친구들이 만난 버마 친구들은 달랐습니다. 꿈이 무엇
이냐고 물어보면 자신의 민족을 돕기 위해 의사 혹은 선생님이 되고 싶다고 했고,
일상 대화에서도 자신들의 의지를 곧잘 비춰 보이곤 했습니다. 자신만이 아니라 주
변의 이웃을 돌볼 줄 아는 넓은 마음을 가진 친구들이 있기에 버마의 미래는 희망
이 있다는 것을 저는 알고 있습니다. ……

아무쪼록 이번 '피스 라디오 캠페인'을 통해 많은 버마 사람들이 진실에 더 가까워
지기를, 그리고 저를 포함한 세계의 많은 사람들이 버마의 민주화와 평화를 염원하
고 있다는 사실이 버마 사람들의 마음에 전해질 수 있기를 바랍니다. PEACE.

"혹시 미얀마와 버마의 차이를 아세요?"

한동안 말이 없던 리타가 갑자기 묻는다. 그러고 보니 미얀마와

버마가 헷갈린다. 리타는 많은 사람들이 꼭 알았으면 좋겠다며 말을 잇는다.

"요즘에는 주로 미얀마라고 불러요. 원래는 버마 Burma 였어요. 그런데 군부에서 쿠데타를 일으켜 국가를 장악한 뒤 나쁜 이미지를 바꾸기 위해 이듬해에 이름을 바꿔 버렸어요. 국민들의 동의도 없이 말이죠. 거기다 미얀마 Myanmar 라는 단어가 버마 국민 전체를 대표한다는 말도 안 되는 핑계를 댔어요. 실제로 버마 국민들은 전혀 동의하지 않았는데 법률을 공포하는 바람에 국제적으로 미얀마라고 불리고 있는 상황이죠."

리타는 미얀마가 아니라 버마로 불러 주기를 부탁한다. 미얀마라고 부르는 것은 쿠데타로 국가를 점령해 버린 군부에 동조하는 것이나 마찬가지이기 때문이다. 모든 청소년들이 버마의 민주화를 위한 시위나 집회에 참가할 수는 없다는 것을 리타도 잘 안다. 그렇지만 이름을 제대로 불러 주는 것은 청소년들도 할 수 있다고 말한다. 대한민국의 모든 청소년들이 미얀마가 아니라 버마라고 불러 준다면 버마의 민주화가 한걸음 앞당겨질 것이라고 생각한다.

"이 세상을 변화시키는 것이 그리 어려운 것 같지 않아요. 이 세상은 혼자 살 수 없잖아요. 우리가 살아가는 이 시대에 누가 함께 살고 있는지, 세상 저편에서 어떤 일이 일어나고 있는지, 또래 친구들은 무슨 일을 겪고 있는지 관심을 가지면 좋을 것 같아요. 그게 변화의 시작이 아닐까요."

리타는 요즘 '착실한 수험생'으로 변하고 있는 중이다. 새로운 목표가 생겼기 때문이다. 가고 싶은 대학과 진학하고 싶은 학과도 정했다. 리타는 이제 그 목표를 향해 달리기만 하면 된다. 하지만 올해 합격을 할 수 있을지는 모르겠다고 한다. 아직은 "워밍업 중"이란다. 때로 불확실한 미래가 불안할 때도 있지만 그래도 목표가 생겼다는 사실만으로도 기분이 좋다. 아직은 넘어야 할 산이 많지만, 그걸 넘고 나면 언젠간 마웅저만큼 멋진 활동가가 되어 있을 것이라고 리타는 말한다. 끝으로 리타가 친구들에게 소개하고 싶은 글을 읽는다.

이제 침묵하는 사람이 현명하게 보이던 시대는 끝났다. 민주의 시대는 곧 대화의 시대이다. 거듭 말하고 대화하는 시대이다. 결코 소극적인 태도를 취하면 안 된다. 소극적인 태도를 취하면 인생이 실패한다. 청춘의 실패이다. 부디 폭넓게 교양을 심화하면서 청년답게 대담하게 여러 나라 사람들과 대화하면서, 퍼 올려도 다하지 않을 표현의 샘을 자기의 흉중에 가득 채워라. 그것을 가능하게 하기 위해서는 스스로 단단히 면학에 힘써야만 한다. - 이케다 다이쿠코

정성스럽게 글을 읽고 난 뒤 리타의 표정이 눈부시게 빛난다. 리타의 가슴에 평화가 피었다.

**고마워요,
친 구 들**

칠남매 중 막내인 저는 어렸을 때 엄마가 동생을 낳아 주셨으면 하고 빌곤 했습니다. 형과 누나들이 저를 잘 챙겨 주지 않는다는 생각이 들 때면 그 소원은 더 간절해졌고, 만약 동생이 있으면 잘해 주고 싶다는 생각을 하기도 했습니다. 하지만 제가 세 살 때 아버지가 집을 나가셨으니 실제로는 결코 이루어질 수 없는 소원이었습니다.

대신 제게는 나이 차이가 많이 나지 않는 조카들이 여럿 있습니다. 어떤 조카들은 저를 형이나 오빠라고 불렀습니다. 저는 조카들과 함께 있을 때 아주 행복했습니다. 하지만 1988년 버마의 8888민주항쟁에 참여하면서 저도 모르는 사이에 조카들과의 행복한 시간을 하나 둘씩 잃고 말았습니다. 한참 꿈꾸고 배우고 뛰어놀고 있는 한국 아이들을 보면 조카들 생각이 나곤 합니다.

2003년부터는 다문화를 주제로 한국의 초·중학교 학생들에게 버마와 동남아시아에 대한 이야기를 해주고 있습니다. 한국말을 제대로 하지 못하는 저를 '아저씨, 삼촌, 선생님'이라고 부르며 초·중학교 친구들이 마음을 열어 주었습니다. 그래서 저는 달리 통역이 없어도 대화를 할 수 있습니다. 어린 친구들은 저에게 많은 것을 가르쳐 주었고, 그 친구들은 저에게 선생님과도 같았습니다. 다문화 수업이 끝난 지금도 저에게 지속적인 관심을 가져 주는 친구들도 많이 있습니다.

또한 저에게 안부 편지와 응원 메시지를 보내 주는 친구들도 꽤 있습니다. 그 친구들 때문에 큰 힘을 얻고 있습니다. 텔레비전에 버마에 관한 언론 보도가 나오면 "마웅저 아저씨의 나라 버마"라고 외치면서 부모님께 보여 주는 친구들 덕분에 버마와 아시아는 그 가족들의 친구가 되었습니다. 고마워요, 친구들!

초·중학교 학생들을 지속적으로 만나면서 한편으로는 이우고등학교, 부천 고리울청소년문화의집, 하자센터, 미지센터, 성미산학교의 청소년들도 만나며 친해졌습니다. 한국에서 다양한 활동을 하고 있는 저에게 청소년들과 함께 하는 문화 교류 활동은 무엇보다 소중한 시간이 되었습니다.

버마와 태국 국경 지대에는 메솟이라는 도시가 있습니다. 이곳에는 버마로부터 도망 나온 난민들과 이주민들이 많이 살고 있습니다. 제가 관심이 있고 자신감을 가지고 활동하는 분야는 메솟에 있는 아이들과 청소년들의 교육 문제입니다. 버마 군부는 학교에서 공부하고 뛰어놀아야 할 아이들을 소년병으로 징집하거나 강제 노동을 시키고 있습니다. 아이들은 생계를 위해 성과 마약을 파는 처지로 전락해 버렸습니다.

버마 민주화와 아시아 연대를 위해서는 아이들과 청소년들의 교육이 중요한 문제입니다. 아이들과 청소년들은 그 사회의 희망이자 기쁨입니다. 한국에서 생활하면서 힘든 일도 있었지만, 결코 흔들리지 않은 것은 바로 버마 아이들과 청소년들의 눈망울이 있었기 때문입니다. 아이들과 청소년들의 눈망울이 빛을 잃지 않도록 하는 것이 오늘의 제가 살아가는 이유입니다.

친하게 지내는 한국 청소년들 중 어떤 친구들은 버마와 태국 국경 지대에 버마 청소년들이 있는 지역 난민촌 까지 가서 교류 활동을 했습니다. 세상을 만나지 못하는 버마 청소년들은 한국 청소년들을 통해 세상을 만났습니다. 그곳에 다녀온 한국 청소년들은 버마라는 나라가 하나의 민족으로 이루어진 것이 아니라 다양한 민족들이 함께 살아가고 있는 나라임을 한국 사회에 알려 주었습니다. 그리고 버마 군부 독재의 문제를 인식하고 인정할 수 있도록 노력하고 있는 버마인들과 함께 힘을 쓰고 있습니다. 청소년들의 해외 교류 활동을 통해 동남아시아는 가난한 지역 그리고 투자와 관광 지역이라는 인식에서 벗어나 이제는 함께 더불어 살아가는 친근한 아시아로 만들어 나갈 수 있다고 생각합니다.

평화로운 세상을 만들기 위해서는 국가와 국가가 연대하는 것보다 먼저 청소년들이 연대하는 것이 중요하다고 생각합니다. 요즘 청소년들을 보면 아시아 연대 활동을 잘하고 있다고 봅니다. 이런 청소년들의 관심과 자신감을 키워 주면 우리 모두가 원하는 평화로운 세상을 만드는 일에 큰 도움이 될 것이라고 믿습니다.

제
친구들과
인사하실래요?

일상과 놀이를 잇는 상상력의 힘을 가진 '품'

특별한 문이 하나 있다. 그 문은 새로운 세계로 통하는 문이다. 앨리스를 이상한 나라로 이끈 토끼굴이나 영화 〈나니아 연대기〉에서 아이들을 새로운 세계로 초대한 옷장 같은 곳이다. 이 문을 열면 자유로워진다. 상상력이 생긴다. 전에는 하지 못했던 일도 할 수 있는 용기가 생긴다. 항상 즐겁기만 한 건 아니다. 때로는 지독한 시련도 겪어야 한다. 하지만 다시 그 문을 열고 나오는 아이들은 성숙해진다. 행복해진다. 아이들에게 상상력과 자유로움을 선사하는 문. 사람들은 그 문을 '품'이라고 부른다.

매미가 요란하게 울어 대는 한여름의 나른한 오후. '청소년문화공동체 품'에서 왁자지껄한 소리가 창문을 타고 삐져나온다. 오랜만에 품 친구들이 한자리에 모였다. 어느덧 스무 살 중반이 된 판과 설, 희훈이 보인다. '세 개와 강아지'의 멤버인 인석, 준혁, 성호, 한솔이도 있다. 얼마 전 카페 사장님이 된 현중이도 4차원을 꿈꾸는 준규와 수다 떨기에 바쁘다. 품 친구들의 골목대장 심한기 선생님도 함께 했다. 이렇게 품 친구들이 한자리에 모인 이유가 있다. 바로 이 책을 읽는 모든 친구들에게 자신들을 소개하기 위해서다. 더불어 그동안 감춰 두었던 속내도 조금 털어놓기로 했다. 그동안 생각해 온 것들이나 혹은 어른들에 대한 불만일 수도 있겠다.

오! 히말라야

품은 네팔과 아주 특별한 인연이 있다. 그 인연은 품을 이끄는 심한기 선생님이 네팔을 방문하면서 시작되었다. 2005년에 처음 네팔에 다녀온 심 선생님은 거기서 소중한 인연을 만났다. 그래서 '네팔 품'까지 만들었다.

그런 특별한 인연은 또 다른 소중한 인연을 낳았다. 품의 주축 멤버인 판에게 네팔은 삶의 획을 그은 고마운 곳이다. 판은 중학교 2학년 때 강북청소년문화축제 '추락'을 처음 만났다. 태어나서 그렇게 재미있는 축제는 본 적이 없었다. 판은 그 길로 품의 일원이 되었다. 벌써 8년 전 일이다. 10년이면 강산도 변한다지만, 판과 품은 모두 그대로다. 단지 변한 게 있다면 판이 새로운 꿈을 꾸기 시작했다는 것이다. 판은 다큐멘터리 작가다.

"지금까지 네팔을 세 번 다녀왔어요. 적지 않은 횟수죠. 답답하고 길을 찾고 싶어 그냥 여행 삼아 네팔에 갔어요. 네팔에서도 방황을 했어요. 술도 마시고 가지고 있던 돈도 모두 써버렸어요. 그때 심한기 선생님이 네팔 품에 와 계셨어요. 저를 보더니 "영상

한번 찍어 볼래?" 하시더라구요. 저는 망설이지 않고 "예" 하고 대답했어요. 카메라 하나 들고 그때부터 영상을 찍기 시작했어요. 히말라야에도 올랐죠. 네팔의 자연과 사람들을 많이 찍었는데 돌아와서 보니 그냥 두기가 아깝더라고요. 그래서 다큐멘터리로 만들어 봤어요. 그거 만드느라 두 달 동안 죽을 뻔했어요."

판은 네팔에서 삶이 미로 같다고 느낀 것일까. 그의 다큐멘터리 제목은 〈판의 미로〉다. 심 선생님은 "지금까지 본 최고의 다큐멘터리"라고 극찬한다. 사실이야 어떻든 이 '최고의 다큐'는 결국 판을 다큐멘터리 작가로 만들었다. 판은 지금도 일주일에 대부분을 작업실에서 산다.

준규에게도 네팔은 특별한 곳이다. 준규의 누나는 '네팔 품'의 직원이었다. 누나를 만나러 네팔에 간 준규는 뜻밖의 큰 선물을 받았다. 사람보다 컴퓨터를 좋아하던 준규는 사람들에게 마음을 잘 열지 않았다. 하지만 네팔은 준규에게 스며들어 마음의 벽을 허물어 놓았다. 허물어진 벽 사이로 사람들이 흘러 들어왔다. 넓은 세상이 들어오기 시작했다.

"사진 찍기를 좋아해요. 작년에 네팔에 갔을 때 사진을 많이 찍었어요. 네팔은 참 재미있는 곳이에요. 원래는 판이 영상 찍는 게 멋져 보여서 영상을 찍겠다고 따라나섰어요. 그런데 막상 가서 보니 영상은 별로더라고요. 그래서 사진을 찍었죠. 그런데 사진도 딱 내가 하고 싶은 일은 아닌 것 같아요. 지금도 무언가 계속 찾고 있어요."

네팔 여행을 두 번 다녀온 이후 준규는 어른들의 세계에 관심을 갖게 되었다. 준규는 또래 친구들보다 어른들과 이야기하는 걸 좋아한다. 품에서 어른들을 위한 강의가 있을 때 빠지지 않는다. 거기서 생각을 넓히고 토론하는 것이 좋다. 준규는 아직 판처럼 자기 일을 찾지는 못했다. 하지만 준규는 곧 찾게 될 거라고 확신한다.

상상력이 열리는 공간 페페

현중이는 카페 사장님이다. 품에서 유일하게 '자기 업소'를 가지고 있다. 카페 이름은 페페[FeFe]. 페페는 벌써 알만한 동네 아이들은 다 아는 공간이 되었다. 언론에도 몇 차례 소개될 만큼 유명해졌다. 강북중학교 옆 골목에 있는 페페에서 가장 맛있는 음식은 와플이다. 현중이가 직접 와플을 만든다. 그 밖에 레몬에이드 같은 간단한 음료도 있다. 값은 대개 1천 원이다. 하루 매출은 평균 3만 5천 원 안팎이다. 방학에는 매출이 다소 떨어진다.

현중이가 페페를 연 것은 지난해 12월이다. 중학교 2학년 때 학교에서 "잘린" 뒤, 몇 년간 방황하다가 현중이는 페페를 열었다. 물론 그 사이에 친형인 판의 도움으로 품을 알게 되었다. 품을 드나들면서 자신이 가장 하고 싶은 일을 찾았고 조금씩 생각을 키워 나갔다. 가게는 보증금 2백만 원에 월세 25만 원이었다. 엄마에게 2백만 원을 빌리고, 아르바이트해서 모아 놓은 쌈짓돈으로 페페를 시작했다. 현중이가 이렇게 사고(?)를 친 데는 이유가 있다.

"중학교 2학년 때 학교에서 잘리고 나서 한동안 심하게 방황했어요. 어디에도 적응 못하고 한참 힘들었어요. 그때 엄마가 카메라를 사 줬어요. 카메라를 들고 처음으로 사진을 찍는데 머리가 확 열리는 느낌이 들더라고요. 그때부터 미친 듯이 사진을 찍고 다녔어요. 한 2년 동안 그랬나 봐요. 마음만 먹으면 할 수 있구나, 열심히 사진을 찍어서 사진전도 열 수 있겠다는 생각이 들었어요.

그러다 보니 열여덟 살이 되었어요. 그런데 문득 열여섯 살 친구들이 눈에 들어왔어요. 내가 열여섯 살일 때 정말 답답했거든요. 상상력을 억압당한 그때를 생각하니 동생들에게 뭔가 해주고 싶었어요. 내가 조금만 도와주면, 살짝만 건드려 주면 아이들의 상상력이 마구 뻗쳐 나올 것 같았어요. 페페는 상상력의 공간이에요. 아이들이 언제든 와서 쉴 수 있고, 무엇이든 자유롭게 할 수 있는 그런 곳이 제가 그리는 페페죠. "이렇게 하면 재밌지 않겠나?", "너가 원하면 언제든 와서 쉴 수 있어"라고 살짝만 건드려 주면 아이들이 훨훨 날아다닐 것 같았어요."

보통 커피 한 잔에 7천 원이나 하는데도 현중이가 음료 값 1천 원을 고집하는 것도 그 때문이다. 뿐만 아니라 페페의 주력 상품인 와플도 1천 원이다. 거기다 품의 멋진 형, 누나들과 이야기 나누는 기회는 덤이다. 요즘은 방학이라 아이들이 조금 뜸하지만 현중이는 걱정하지 않는다. 페페에서만 줄 수 있는 자유와 상상

력, 그 힘을 믿기 때문이다. 현중이의 꿈은 서른다섯 살이 될 때까지 페페를 다섯 곳 더 여는 것이다. 카페 페페가 친구들에게 여유와 꿈을 채우러 오는 공간이 되길 바란다는 현중이는 이미 달리기 시작했다.

"사람들은 음식점에 배를 채우러 오잖아요. 저는 페페를 여유와 꿈을 채우러 오는 공간으로 만들고 싶어요."

'세 개와 강아지'가 선물하는 《핫도그》

폼에는 네 마리 개가 있다. 정확히 말해 '세 마리 개와 강아지 한 마리'다. 하지만 폼에는 돌돌 말려 올라간 꼬리에 주둥이가 뾰족한 진짜 개는 없다. 그렇지만 폼에 살고 있는 '세 개와 강아지'는 그 어떤 개보다 임무에 충실하고 명랑하며 사랑스럽다. 세 개인 인석, 성호, 준혁과 강아지 한솔이의 가장 중요한 임무는 강북청소년문화축제 '추락'을 기획하는 일이다. 해마다 강북 지역 청소년들과 함께 하는 축제 추락은 올해로 벌써 열한 살이 되었다. 추락 | 秋樂 | 은 '가을을 즐긴다'는 뜻이다. 세 개와 강아지 역시 "최고로 즐겁고 행복한 가을이 되도록 하는" 일이 자신들의 임무라고 생각한다. 10주년 기념 축제 때 가수 '오! 부라더스'를 초청한 건 세 개와 강아지가 이룬 성과 중의 성과다.

"처음에 추락이 10주년이 되었으니까 우리도 한번 가수를 초청해 보자고 했어요. 추락은 10년 동안 가수를 초청한 적이 한 번도 없었거든요. 오로지 강북 지역 아이들이 무대를 채웠어요. 판

이 오! 부라더스 이야기를 했을 때는 한 귀로 듣고 말았어요. 그러다가 하루는 지하철역에 있는 무료 신문을 보다가 오! 부라더스의 인터뷰 기사를 봤어요. 기사 내용 중에 어려운 건 질색이라고 했더라고요. 저도 어려운 건 싫거든요. 하하. 그래서 오! 부라더스를 초청하면 되겠다는 생각이 들었어요! 인석 |."

일단 목표가 정해지자 세 개와 강아지는 과감하게 추진했다. 우선 오! 부라더스의 팬카페에 그들의 패러디 사진을 올린 뒤 추락을 홍보했다. 다른 말은 하지 않고 축제에 와서 노래를 불러 달라고 했다. 결국 오! 부라더스는 추락의 무대에 서서 열창을 했다. 축제의 분위기가 그렇게 뜨거운 적은 없었다. 오! 부라더스 역시 어느 매체와 한 인터뷰에서 "그렇게 즐겁고 경쾌한 무대는 처음"이라며 소감을 밝혔다. 세 개와 강아지는 감사의 인사도 잊지 않았다. 세 개가 미친 듯이 노래 부르는 감사의 동영상을 띄운 것이다.

세 개와 강아지는 올해 초 또 하나 사건을 일으켰다. 바로 《핫도그》라는 책을 낸 것이다. '뜨거운 개', '열정이 가득한 개'라는 뜻으로 제목을 핫도그라고 붙였다. 1년간 추락을 준비하며 보고 듣고 느끼고 상상한 모든 것을 기록했다. 발간회도 했다. 품의 많은 주주들과 부모님들이 참석했다. 판매 성적도 꽤 좋았다. 세 개 중 한 친구—이름을 밝힐 수 없는—의 아버지는 "이게 책이냐?"며 구석에 내동댕이쳤다지만, 《핫도그》에 대한 세 개와 강아지의 애정은 이루 말할 수가 없다. 지난 1년간의 모든 에너지와 상상력이 그 속에 담겨 있기 때문이다. 남들이야 뭐라고 하든 세 개는 이 책에서 강조하고 싶은 것들이 있다.

"책 맨 마지막에 에피소드가 있어요. 1년 동안 추락을 기획하면서 느낀 점과 하고 싶었던 이야기를 담았어요. 그 부분을 꼭 봐주었으면 좋겠어요ㅣ 준혁 ㅣ."

"다 잘 봐주셨으면 좋겠어요ㅣ 성호 ㅣ."

"맨 앞에 보면 우리 세 개가 어떻게 모이게 되었는지에 대한 이야기와 신상명세서가 있어요. 사실 아무나 이런 책 만들 수 있거든요. 그런데 그 아무나가 누군지, 별명은 뭔지, 어떻게 모였는지, 무엇을 하는지 이런 부분을 봐주셨으면 좋겠어요ㅣ 인석 ㅣ."

세 개와 강아지는 요즘 바쁘다. 곧 다가올 추락을 준비해야 하기 때문이다. 눈코 뜰 새 없이 바쁜 하루를 보내고 있다. 그래도 마냥 즐겁다. 앞으로도 항상 그럴 것이다.

핫도그를 만들기 위해서는 밀가루를 반죽하고, 소시지를 넣고, 빵가루를 묻혀야 한다. 이 책은 마치 핫도그와 같다. 우리가 직접 경험하고 경험을 통해 공부하고 그 희열에 대한 느낌을 책에 넣고 묻혔기 때문이다. 우리 세 개는 이런 느낌에 대해 거짓말하지 않았고, 알지도 못하는 것을 아는 척하지도 않았고, 경험에 대해 부풀려 말하지도 않았다. 단지 우리가 알고 있는 지식과 경험을 전달하고 싶을 뿐이다.

......

뜨거워서 마치 혀를 늘어뜨린 개와 비슷해 이름 지어졌다는 핫도그. 앞으로의 발걸음에 가득 찬 열정으로 인해 온몸이 뜨거워져 혀를 늘어뜨릴 때까지 달려가기를

희망한다. - 〈핫도그〉 중에서

돌쇠 희훈

심 선생님은 희훈이를 '돌쇠'라 부른다. 희훈이가 보여 준 모습이 옛날 이야기에 나오는 돌쇠처럼 우직하기 때문이다. 희훈이는 풍물 강사로 올해 스물네 살이다. 중학교 1학년 때 시작한 풍물이 삶의 전부가 되었다. 9년 전 추락을 처음 만났을 때 풍물에 매료되었다.

그때나 지금이나 희훈이는 돌쇠처럼 한결같지만 환경은 너무나 달라졌다. 9년 전만 해도 강북 지역에 풍물 동아리가 20~30여 개나 있었다. 풍물 동아리가 한두 개 없는 학교가 없었다. 하지만 이제 중·고등학교에서 풍물 동아리는 눈을 씻고 찾아봐도 없다. 대학을 가기 위해서는 한가하게 동아리 활동을 할 수가 없게 된 것이다. 게다가 학생들이 동아리를 만들어도 부모들이 반대해 동아리실이 폐쇄되기도 한다. 학생은 오로지 공부만 해야 하는 것이다. 희훈이는 사라져 가는 풍물 동아리를 살리려고 백방으로 뛰고 있다. 하지만 풍물을 연습할 장소조차 구하기 힘든 상황이다.

"가끔씩 수양관에서 쫓겨나기도 하고, 꽹과리와 장구를 집어 던지기도 하고…… 별일을 다 겪었어요. 아이들 데리고 연습하다가 쫓겨 나서 품에 악기 쌓아 놓고 운 적도 많아요. 속상하면 술도 마시고 심 선생님한테 하소연도 해요. 풍물은 연습 장소가 없

으면 불가능하잖아요. 마음 놓고 연습을 할 수 있어야 아이들도 풍물에 애정을 갖게 되거든요. 연습 장소를 마련하는 것이 가장 급해요 | 희훈 | ."

그래도 희훈은 여전히 희망을 만들기에 여념이 없다. 넘어져도 다시 일어나는 오뚜기같은 뚝심이 희훈이에게 있기 때문이다. 풍물 동아리가 힘들게 명맥을 유지하는 지금, 희훈이가 내딛는 작은 발걸음은 이미 큰 역사가 되고 있다.

일상+놀이+공부=나, 너, 우리

심 : 너 대학교 복학할 거냐?

설 : 글쎄요. 그런데 물리학 공부가 좀 땡기네.

심 : 나하고 사업해야지, 인마.

설 : 그러게요. 고민 중이에요.

심 : | 단호하게 |야, 너 학교 못 가.

설 : | 크게 웃으며 |아이, 그런 예언하지 마요. 무섭잖아.

티격태격 입씨름이 한 판 오간다. 장난 섞인 말투로 미래를 예언(?)하는 심 선생님과 응수하는 설이의 입씨름이 재미있다. 이설은 스물네 살로 품에서 몇 안 되는 대학생이다. 고등학교 시절에 공부를 잘했고, 지금은 대학교에서 물리학을 공부하고 있다. 군대를 제대한 후 여러 가지 핑계로 휴학을 하고 있으며, 물리학 공부와 자유로운 삶을 두고 고민 중이다. 대학을 졸업하고 좋은 직장에 취직하는 것이 지상 과제인 요즘 세태에서 보면 설이의 고민은 이색적이다. 설이는 조급하게 생각하지 않으려고 한다. 물리학 공부를 계속 하든, 학교에 얽매이지 않고 자유롭게 살든 최선을 다해 생활하면 진짜 자신이 원하는 걸 찾을 수 있을 거라고 생각한다.

설이는 요즘 강북청소년 문화놀이터 일에 몰두하고 있다. '문화놀이터'는 이름 그대로 놀이터다. 강북 지역 청소년들이 정기적으로 함께 모여 놀고 웃고 나누는 것이 바로 문화놀이터다. 품 친구들은 오랫동안 추락을 기획해 왔다. 하지만 1년에 딱 한 번 있는 축제로는 무언가 부족했다. '청소년들이 1년에 한 번이 아니라 1년 내내 즐거울 수는 없을까' 하는 소박한 물음에서 문화놀이터는 시작되었다. 설과 품 친구들이 구상한 것은 '일상과 놀이, 축제와 배움이 하나로 이어지는 무엇'이었다.

"추락을 준비하기 위해 몇 달 동안 정신없이 뛰어다니다가 막상 축제가 끝나고 나면 늘 허무함이 밀려왔어요. 그건 저뿐만 아니라 품 친구들이나 함께 참여한 동아리 친구들도 마찬가지였을 거예요. 모여서 회의를 할 때마다 지속적으로 만들고 즐기고 함께 할 수 있는 프로그램이 필요하다는 이야기들이 많이 나왔어요. 그러다 문화놀이터를 생각했어요. 우리 생활 속에 축제와 놀이와 배움이 모두 함께 이어지는 그림을 그린 거죠.

달마다 청소년 동아리들이 직접 거리로 나가 공연, 전시, 벼룩시

장, 코스프레 등 다양한 문화 활동을 하는 거죠. 뿐만 아니라 함께 공부할 수 있는 아카데미나 여름 캠프도 준비하고 있어요. 물론 축제인 추락도 문화놀이터 프로그램으로 열려요. 청소년들이 함께 모여서 공연이나 전시도 하면서 놀다가 모여서 공부하게 되면 그게 아카데미가 되는 거예요. 그러다 2박 3일로 떠나게 되면 그게 캠프가 되는 거구요. 문화놀이터를 한자리에 모으면 축제인 추락이 되는 거죠. 문화놀이터가 지향하는 것은 청소년들의 일상과 결코 분리되지 않은 자연스러운 놀이예요. 제가 바라는 것도 그것이에요."

이 시대에는 '청소년=공부'는 자연스럽지만, '청소년=놀이'는 성립하지 않는다. 하지만 설이와 품 친구들에게 놀이는 결코 공부와 분리되지 않는다. 일상 속의 놀이가 곧 배움이 되고 배움이 다시 놀이가 되는 그림을 상상한다. 문화놀이터는 지난 6월 9일 첫걸음을 떼었다. 얼마 전에는 청소년 밴드 '투데이'와 함께 수유역에서 거리 공연도 마쳤다. 이제 여름 캠프, 아카데미, 추락 등 남아 있는 놀이를 준비하며 설이는 다시 한번 자세를 가다듬는다.

"일상에서 상상력을 발휘하는 것이 놀이가 아닐까 싶어요. 놀이의 개념이 바뀌어야 할 것 같아요. 문화놀이터가 잘된다면 진짜 제대로 노는 것이 어떤 것인지 보여 줄 거예요. 청소년들이 잘 노는 것이야말로 제대로 공부하는 것이고 행복해지는 것이라는 사실을 모두 알았으면 좋겠어요."

품에는 학교를 떠난 친구들이 꽤 있다. 제도권에서 보면 '학교 부적응 청소년'이지만, 품에서는 '자유를 찾아 떠난 방랑자'다. 물론 어떤 선택을 하든 품에서는 중요하지 않다. 학교에 남아 있건 학교를 떠났건 중요한 것은 '지금 행복한가?'의 문제이기 때문이다.

하지만 이렇게 넉넉한 시선으로 자식들을 바라볼 수 있는 부모가 몇이나 될까? 품이 지향하는 생각이 그렇다 보니 품에 나오기 위해 부모와 한바탕 전쟁을 치르는 경우가 자주 있다. 세 개와 강아지에서 강아지인 한솔이도 요즘 아빠와 전쟁 중이다. 한솔이 아빠는 학교에서 전교 부회장을 맡고 있을 만큼 야무진 딸이 품에서 맴도는 것이 영 마음에 들지 않는다. 한솔이는 아빠를 설득하기 위해 좋은 성적을 유지하느라 애쓰지만 생각처럼 쉽지는 않다.

"얼마 전에 아빠한테 맞았어요. 아빠가 품에 오는 걸 무척 반대하시거든요. 엄청 화를 내시면서 품에 못 나가게 직접 찾아오시겠다고도 하셨어요. 그렇게 화를 내시는 이유는 제 성적이 좀 떨어졌기 때문이에요. 그런데 성적이 떨어진 이유가 품 때문이 아니라 그냥 요즘 공부가 좀 안 됐어요. 그럴 수도 있잖아요. 그런데 아빠가 펄펄 뛰면서 2학기 때는 나가지 말라고……. 하지만 엄마 아빠가 제 인생 대신 살아 주는 건 아니잖아요. 제가 좋아하고 행복한 일을 하면서 살고 싶어요."

한솔이는 아빠가 화를 내고 매를 들어도 품에 나오고 싶다. 품에 있을 때 가장 자유롭고 행복하기 때문에 품을 포기할 수 없다. 그래도 한솔이는 아빠를 설득하기 위해 공부를 열심히 할 것이라고 덧붙인다.

인석이는 할아버지가 품에서 활동하는 것을 가장 반대한다며 목소리를 높였다. 한솔이와는 조금 다른 고민을 하는 인석이는 대학에 갈 생각이 없다. 요즘에는 학교를 그만둘까 하는 고민도 한다. 이른바 1백여 년의 역사를 자랑하는 명문고에 다니는 것이 무척이나 힘겹다.

"우리 학교가 생긴 지 1백 년이래요. 선생님들도 우리 학교 출신이 많아요. 그런데 문제는 선생님들이 자신들이 배운 교육 방식 그대로 우리를 가르친다는 점이에요. 시대가 바뀌었는데도 예전 방식 그대로예요. 정말 심해요. 앞뒤가 꽉 막힌 선생님들이 많아서 친구들도 무척 힘들어해요. 들리는 이야기로는 1년 6개월 사이에 우리 학교에서 자퇴한 학생이 1백 명이나 된대요. 그래서 학교를 그만둘까 하는 생각도 해요. 차라리 학교를 그만두고 내가 진짜 하고 싶은 걸 하면 행복할 것 같거든요."

판 역시 일찌감치 학교를 그만두었다. 중학교 때까지만 해도 전교 1,2등을 다투는 칭찬받는 학생이었던 판은 고등학교 1학년 때 학교를 그만두었다. 생각이 많아 며칠간 학교를 가지 않았는데, 학교 정문에서 머리카락을 잘리고 말았다. 판은 그날 자퇴하기로 결심했다. 그 뒤로 후회한 적은 한번도 없다. 하지만 학교를 떠나는 문제로 고민하는 친구들이 할 수만 있다면 '잘 버텨주기'를 바란다.

"지금 학교 다니는 친구들을 보면 제일 많이 드는 생각이 학교를 정말 잘 다녔으면 좋겠다는 거예요. 할 수만 있다면 무사히 졸업하면 좋죠. 다만 그러려면 억지로 힘들게 참고 다니는 게 아니라 주변 환경을 조절할 수 있을 만큼 내공이 필요한 것 같아요.

제가 학교를 떠난 이유는 학교 안에만 있으면 많은 걸 놓칠 것 같아서였어요. 생각과 상상력이 고갈된다는 느낌이 들었어요. 학교라는 거대한 배가 흘러가는 방향대로 같이 흐르니까요. 저는 가끔 학교가 상상하지 못하게 약을 먹이는 곳 같다는 생각도 해요. 그렇게 계속 같이 흘러가면 언젠가는 자신을 잊어버릴 거예요. 아니, 그것조차 의식하지 못할지도 모른 채 살지도 모르죠."

페페의 사장인 현중이 역시 학교가 상상력을 막는 곳이라는 의견에 동의한다. 현중이는 학교를 벗어나서야 비로소 다시 상상하기 시작했다고 고백한다.

"물론 학교를 떠나야만 행복하다는 건 아니에요. 하지만 적어도 학교 안에서는 상상하기 어렵다는 거예요. 그리고 더 큰 문제는 상상할 힘을 잃어버린다는 건데…… 학교 안에서 상상하지 못하던 아이는 밖에 나와도 상상할 수 없어요. 자기 안에 큰 능력이 있는데도 그걸 알지 못해요. 그러면 그 아이는 아예 상상할 수 없게 되어 불행해지는 거예요. 그렇다 보니 학교를 떠나야겠다고 마음먹은 친구들은 다시 학교로 돌아가기가 어려운 것 같아요."

학교 안에 있건 떠났건 간에 아이들은 행복해지기를 원한다. 상상하지 못하게 약을 먹이는 것 같은 학교가 싫어 학교를 떠난 판, 다시 상상하고 싶어 학교를 떠난 현중, 학교를 떠나야 할지 고민하는 인석, 학교를 다니면서도 품에 오고 싶은 한솔, 그리고 지금 이 시대를 사는 모든 청소년들이 그럴 것이다. 그러나 이 사회는 청소년들에게 공부 기계가 되기만을 강요하고 있다. 하지만 상상력을 잃지 않는 아이들이 있는 한 언젠가는 청소년들에게도 행복한 날들이 오지 않을까.

나에게 품은 ○○다

인석 : 나에게 품은 지퍼다. 쉽게 열고 닫는 지퍼처럼 품에서 나가도 절대 안 좋게 보지 않잖아요.

준혁 : 나에게 품은 빤스다. 빤스 없으면 허전해요.

설 : 나에게 품은 전선이다. 전기는 두 선이 있어야 통하잖아요. 그렇게 나와 꾸준히 함께 가는 게 품이에요.

준규 : 나에게 품은 안경이다. 안경 한번 쓰면 벗기 어려워요.

희훈 : 나에게 품은 그림자다. 내가 움직일 때 어디서든 항상 함께 있는데 늘 잊어요.

성호 : 나에게 품은 담배다. 중독됐어요.

다 같이 : ㅣ웃으며ㅣ 너 담배 피우지!

성호 : …….

현중 : 나에게 품은 품이다. | 손으로 가슴을 감싸며 | 품, 그 품 맞죠?

판 : 나에게 품은 우리들의 방이다. 누구나 방이 있잖아요. 편하
면서 지겹기도 하지만 항상 기다려 줘요.

한솔 : 나에게 품은 그네다. 재미도 있고. 그네를 타고 있으면 바
람을 느낄 수 있잖아요. 하지만 오래 타면 머리 아파요.

인석 : 나에게 품은…… 아이 뭐야? 나도 맨 마지막에 말했으면
진짜 멋지게 말할 수 있는데…….

다 같이 : 그럼 다시 해!

인석 : 됐어요.

얘들아!

　어른들의 세상은 점점 더 복잡하고 더 잘게 나

뉘어져 간다. 그러건 말건 상관없이 살면 좋겠지

만, 세상이 모두 엉켜 있고 또 그 속에서 행복이

만들어지기도 하니 그냥 팔짱 끼고 있을 수만은

없구나. 어른들이 생각하는 행복은 대개 돈 많이 벌어 부자가 되

거나, 자식들이 공부 잘해서 좋은 대학에 가는 것이지. 그래서

나는 너희들이 참 힘들겠다는 생각을 오랫동안 해 왔단다. 생각

이나 희망과는 다르게 공부하고 대학 가는 것에 온 힘을 쏟아야

사람대접을 받을 수 있으니 말이다. 이런 고민 끝에 품이 탄생한

것이란다. 세상이 아무리 시험을 위한 공부와 대학이 최고라 해

도 너희들은 다르게 생각할 수도 있지. 또 그것만이 행복의 조건

이 아니기에 또 다른 방식의 공부와 행복을 찾고 만드는 것을 도

와주기 위해 품이 만들어진 것이란다.

　그렇다고 모든 어른들이 다 답답하기만 한 것은 아니란다. 너

희들도 동네에서 놀아 봐서 이제는 알겠지만 친구 같고 배울 것

이 많은 어른들, 또 처음에는 말이 안 통했지만 서로 알고 나면

귀한 인연이 될 수 있는 어른들도 많단다. 너희들이 동네 놀이터

만들기를 하면서 만난 어른들 그리고 너희들이 초대했던 동네

어른들, 백운 시장 떡볶이 아줌마, 생선 가게 뚱뚱이 아저씨 그

리고 구청 앞 닭갈비집 사장님, 자장면 후원해 주신 중국집 사장

님, 넉넉한 구청 담당 주임님, 처음에는 도시락 싸들고 다니며

얘 들 아 ,
그 　 냥
불 　 러
봤 　 다

심 한 기 (청 소 년 문 화 공 동 체 ‘ 품 ’)

열
정
세
대

148

말리다가 이제는 최고의 후원자가 되신 부모님들…… 이 모든 어른들이 친구이자 선배이자 스승이 되었잖니!

너희들이 꿈꾸는 것 가운데 하나가 세상에서 가장 행복하고 즐거운 놀이터를 만드는 것이라고 했지. 그 놀이터에서 아주 많은 사람들이 함께하면 더 행복하고 즐거울 수 있을 것 같다. 아무튼 어른들이 나이가 많다고, 힘이 더 세다고 우격다짐을 하거나 자신들의 욕심만 채우지 않는다면 세상 모든 사람들과 함께할 수 있는 일은 많을 거야.

한 개인이 상상하고 희망하는 '꿈'이란 놈은 결국 자신의 것이지만 그것을 가능하게 하는 시간 속에는 참 많은 사람들이 연결되어 있더구나. 때로는 자신과 연결된 사람들 덕에 더 행복하고 아름다운 꿈을 갖기도 하더구나. 공부를 많이 한 학자들은 이런 것을 존재와 관계, 존재론과 관계론이라고 말하더라. 쉽게 이야기하면, 나 자신의 소중함과 타인의 소중함 그리고 그것을 더욱 아름답게 하는 사람과 사람과의 관계가 중요하다는 것이겠지.

나는 너희들이 자신을 소중하게 생각하며, 동네 사람들에게 말을 걸고, 애정 표현을 하고, 정중하게 초대하는 모습들이 참 아름다웠단다. 초대하는 사람도, 초대받은 사람도 모두 쑥스럽기는 마찬가지였지만 너무도 정겨워 보였다.

품은 하늘과 땅, 하늘과 사람, 사람과 사람, 아이와 어른, 아이들과 세상을 연결하려고 시작되었지. 그리고 품에서 일하는 무당 심한기가 가장 행복한 순간은 너희들이 원래부터 가지고 있던 에너지가 쏟아져 나와 또 다른 세상과 마구마구 부딪히고 관계를 맺을 때였던 것 같다.

누군가가 이런 말을 했더구나.

"힘 있는 자들이 만든 세상에서 살아남으려고 노력하지 말고, 또 다른 세상을 만들어 가자. 현실을 버리지 않고 넘어서면서 불가능한 꿈을 꾸자."

너희들이 청년이 되고, 어른이 되었을 때 무엇을 희망하고 있을까? 혹시 지금 너희들이 답답하다고 생각하는 그런 어른의 모습이 되어 있을까? 아니면 또 다른 세상을 상상하며 불가능한 꿈을 꾸고 있을까?

예쁜 준혁, 뻔뻔한 판, 정신없는 준규, 마음 약한 희훈, 말 많은 설, 간지 나는 현중, 든든한 성호, 용감한 인석, 당찬 한솔…… 애들아, 사랑한다!

아름다운
소통

잔잔한 언어로 세상을 바꾸고 싶은 연주

폭염이 계속되고 있었다. 연주를 만나기로 한 날도 기온이 29도를 가볍게 넘어섰다. 종로에 있는 조계사는 사람들로 붐볐다. 대웅전에서는 법회가 한창이었고, 외국인 관광객들까지 몰려 인산인해였다. 대웅전 뒤편, 촛불 집회 수배자들이 농성을 하는 천막도 그대로였다. 잠시 자리를 비웠는지 실무자 두어 사람이 농성장을 지키고 있었다. '촛불이 지킵니다. 촛불이 이깁니다'라고 쓰인 현수막의 글씨가 눈에 들어왔다. 이미 쇠고기 수입을 막지 못했지만 농성장은 여전히 촛불 정국이었다. 그때였다. 휴대 전화가 "지이이이잉" 하며 몸을 떨었다.

'날이 많이 더워요. 그늘에서 햇볕이라도 피해 계세요. 연주.' 문자가 온 뒤 5분이 지났을까. 저만치서 한 소녀가 이쪽을 향해 다가왔다. 연주였다. 땀에 젖은 얼굴로 환하게 웃었다. 함께 조계사를 한 바퀴 돌았다. 이런저런 이야기를 나누는데, 연주의 시선이 한 곳에 머물렀다. 촛불 집회 수배자들의 농성장이다. 여기

저기 걸린 현수막의 글귀를 읽는가 싶더니 이내 입을 열었다.

"얼마 전에도 이곳에 왔었어요. 그때도 참 힘드시겠다, 어려운 일 하신다, 그렇게 생각했는데…… 여전히 이 더운 날씨에도 이곳에 계시네요."

말을 마친 연주는 희미한 미소를 지어 보인다. 시원한 바람 한 줄기가 볼을 스치고 지나간다.

세상은 관점에 따라 바뀐다

"기자는 멋지다고만 생각했어요."

햇볕의 맹공격을 피해 들어간 조계사 인근의 커피 전문점에 앉자마자 연주(18세)가 입을 연다. 연주는 팥빙수를 휘휘 저어 한 숟가락을 입에 넣다 말고 말을 잇는다.

"기자에 대해서 환상을 갖고 있었어요. 그런데 이제는 완전히 생각이 달라졌어요."

연주가 빙그레 웃는다. 연주는 보름간 인턴 생활을 한 뒤 생각이 달라졌다. 연주가 다니는 간디학교에서는 졸업 전에 인턴십 활동을 꼭 해야 한다. 연주는 한 언론사에서 인턴 활동을 했다. 연주는 〈민중의소리〉를 선택했다. 진보 언론이라 불리고 '좌파'라고도 불리는 이 인터넷 언론사를 추천한 사람은 담임 선생님이었다.

"우리 선생임이 여기서 하면 후회 안 할 거라고 하시는 거예요. 사실 인턴 활동 전에 사전 조사를 가거든요. 〈프레시안〉과 〈한겨레〉에도 갔어요. 그때만 해도 기자에 대한 환상이 있었어요. 그런데 〈민중의소리〉에서 인턴하고 나서는 기자라는 직업이 정말 힘들고 고생을 많이 한다는 것을 알았죠. 아마 다른 언론사에 비해 조건이 열악한 인터넷 언론이어서 그런지 모르겠지만…….
어쨌든 확실하게 기자라는 직업의 실체를 보았어요."

신문사는 날마다 전쟁이었다. 촛불 집회가 한창인 때라 더 했다. 기자들은 현장에서 생중계하느라 밤을 새기 일쑤였다. 경찰의 물대포와 연행을 감수하고 취재를 해야만 했다. 한번은 취재하는 기자를 따라 나섰다가 봉변을 당하기도 했다. 시민들의 촛불 집회에 반대하는 보수 진영의 집회를 취재하던 기자의 뒤를 따라다니던 연주는 한 전우회 소속의 집회 참가자에게 붙들렸다. 그 사람은 다짜고짜 연주를 붙잡고는 "여기서 뭐하고 있냐? 기자냐? 혹시 프락치 아니냐?"며 추궁했다. 연주는 당황했지만 간신히 도망치듯 빠져나왔다. 지금 생각하면 웃음밖에 안 나오지만, 그때는 눈물이 나올 만큼 무서웠다고 한다. 기자 세계의 쓴맛을 알게 해준 보름간의 인턴 생활이었다. 하지만 무엇보다 그 시간이 고마운 이유는 세상을 보는 관점에 대한 깨달음을 주었기 때문이다.

"그 전에도 사실 여러 번 촛불 집회에 나갔어요. 시위 참가자로서 참여했던 거죠. 그때는 그냥 우리 주장이 옳으니까 크게 목소리 높여서 외치기만 하면 된다고 생각했어요. 그런데 관찰자로서 그 현장에 서니까 정말 달랐어요. 같은 상황인데도 아주 달라

보이더라고요. 양쪽의 문제점도 발견할 수 있었어요. 아마도 참여자로 집회 현장에 있었다면 못 봤을지도 몰라요. 그런데 현장을 제대로 그리고 객관적으로 보고 기록해야 하는 처지가 되니까 절대 그냥 지나칠 수 없더라고요."

연주는 보는 관점에 따라 세상이 얼마나 달라 보이는가를 깨닫게 되었다. 그 뒤로 언론 보도를 더욱 민감하게 보게 되었다. 특히 이번 촛불 집회를 보도하는 각 언론사의 반응은 많은 생각을 하게 만들었다. 〈조선일보〉나 〈중앙일보〉 등에서는 강경 진압에 대한 기사는 찾기 힘든 반면에 촛불 시위의 진정성을 의심하거나 정부의 입장을 옹호하는 기사가 많았고, 〈한겨레〉와 일부 인터넷 언론사에서만 강경 진압을 비판하는 기사를 찾아볼 수 있었다고 한다. 연주는 이런 사실을 발견할수록 현장을 전하는 목소리의 중요성을 실감하게 되었다.

천성산 지율 스님

2004년 봄, 온 나라는 일명 '도룡뇽 소송'으로 들썩였다. 원고는 천성산에 살고 있는 도룡뇽이었다. 당시 한국철도건설공단은 경부고속철도 운행 구간 중 하나인 천성산 구간ㅣ원효터널ㅣ공사를 준비하고 있었다.

환경 단체들과 지율 스님은 터널 공사를 반대했다. 도룡뇽 소송의 주인공 역시 그들이었다. 천성산의 산허리를 뚫어 터널을 만들면 천성산 계곡에 토사가 유입되어 물이끼가 죽거나 감소해서 먹이사슬에 따라 곤충, 거미, 지네, 지렁이, 도롱뇽 등이 죽게 된다는 것이 지율 스님과 환경 단체들의 주장이었다. 하지만 국책 사업이라는 이유로 한국철도건설공단은 터널 공사를 강행했다. 환경 영향 평가를 한 결과 문제가 없다는 결론을 내린 것이다. 지율 스님은 천성산 터널 공사를 반대하며 단식을 시작했다. 그렇게 시작된 단식은 무려 1백 일이 넘도록 계속됐다.

연주는 지율 스님의 단식을 또렷이 기억한다. 지율 스님이 단식 한다는 소식을 듣고 너무 마음이 아팠다. 천성산의 생태계를 지키기 위해 한 스님이 목숨을 걸고 외치는 소리를 외면하는 정부를 이해할 수 없었다. 보다 못한 연주는 지율 스님을 보러 나섰다. 평소 환경에 관심이 많던 엄마를 졸랐다. 연주는 엄마와 함께 스님을 찾아 떠났을 때를 잊을 수가 없다.

"지율 스님은 체격도 작고 무척 마르셨잖아요. 저는 1백 일 넘게 단식을 하고 계시니 아마도 기운이 하나도 없어 누워 계실 거라고 생각했어요. 그런데 놀랍게도 스님이 너무 꼿꼿하고 또렷한 정신으로 우리를 맞아 주시는 거예요. 오히려 건강한 사람들보다 더 강한 정신과 의지로 천성산 이야기를 하시는데…… 너무 충격을 받았어요. 그리고 나서 천성산 터널 공사에 대해서 정말 심각하게 다시 생각하게 되었어요."

스님을 만나고 돌아온 연주는 가까운 친구들에게 천성산 이야기를 했다. 도롱뇽 소송과 지율 스님이 목숨을 걸고 단식을 하는 이유를 잘 전달하고 싶었다. 하지만 어려웠다. 소통할 수가 없었다. 친구들은 연주의 이야기에 공감하지 못했다. 어느 정도 알고 있는 친구들은 동조했지만, 그마저도 잘 모르는 친구들은 어색하게 고개를 끄덕일 뿐이었다. 정보는 전달되었지만, 친구들의 가슴을 울리지는 못했다. 그때 연주는 깨달았다. 이 세상에서 일어나는 아주 심각한 문제도 제대로 알리지 못하면 메아리 없는 외침이 되는구나. 어떻게 표현하고 전달하느냐에 따라 진실이 소통될 수도 있고 아닐 수도 있구나.

연주는 사회문제에 대해서 공부를 하기 시작했다. 먼저 자신이 잘 알아야 했다. 제대로 전달하기 위해서는 진실을 둘러싼 배경을 잘 알아야 했다. 신문, 텔레비전, 인터넷을 통해 여러 사건들을 꼼꼼히 살펴보았다. 아침에 일어나면 꼭 신문을 읽고, 시간이 날 때면 인터넷에서 여러 신문을 검색해서 비교해 보았다. 큰 사건이 터질 때면 특히 신경을 썼다.

그러던 중 '황우석 사건'이 터졌다. 이 사건은 언론이 진실을 위해 어떤 태도를 취해야 하는가를 볼 수 있는 좋은 계기였다.

"2005년도에 황우석 사건이 터졌을 때 가장 기억에 남는 건 〈프레시안〉의 강양구 기자님이에요. 물론 〈PD수첩〉도 큰 역할을 했지요. 끈질기게 진실을 파헤치기 위해서 기자가 얼마나 공부하고 준비를 해야 하는지 많은 것을 느꼈어요. 그냥 현장을 전달하는 것에서 그치는 게 아니라는 걸 말이죠. 강 기자님은 몇 년 동안 황우석 박사를 주목해 왔다고 하더라고요. 사실 그때 강 기자님이 욕을 많이 먹었어요. 대부분 황우석 박사를 지지하고 있었잖아요. 그런데도 계속 쓰시더라고요. 많이 생각하는 계기가 되었어요."

황우석 사건 이후에 고민이 한 단계 나아갔다. 무수한 비판을 받으면서도 꿋꿋하게 기사를 쓰는 강양구 기자를 보며 연주는 많은 생각을 했다. 객관이란 존재하는 걸까? 여러 의견들이 상충하는 가운데 우리는 어떤 것을 객관이라 부를 수 있을까? 언론 보도의 홍수 속에서 자신과 친구들, 그리고 독자들은 어떻게 진실을 파악할 수 있을까? 연주에게 열병처럼 다가온 고민은 한동안 계속됐다.

무지갯빛 언론

그러던 어느 날, 연주는 문득 진실을 알기 위해서는 하나의 시선으로만 바라보아서는 안 된다는 것을 깨달았다. 다양한 스펙트럼으로 바라볼 때 진실을 바로 볼 수 있다는 사실을 말이다. 그런 맥락에서 연주는, '조중동 폐간 운동'보다 더 급한 것은 '진보 언론 살리기'라고 목소리를 높인다.

촛불 집회 이후 네티즌들 사이에서 보수적인 성향의 〈조선일보〉, 〈중앙일보〉, 〈동아일보〉를 폐간시키자는 '조중동 폐간 운동'이 빠르게 확산되었다. 하지만 그보다 절실한 것이 조중동에 견줄 수 있는 다양한 진보 언론들이 힘을 키우는 것이라고 생각했다. 다양한 진보 언론들이 성장한다면 더 많은 국민들이 진실을 판단할 수 있는 다양한 스펙트럼을 가질 수 있기 때문이다. 그렇게 되면 바른 눈으로 사안을 볼 수 있는 수십만, 수백만의 눈이 생겨서 결국 세상이 달라질 것이라고 연주는 생각한다.

"조중동의 문제는 자기들의 시선이 옳고, 전부이고, 객관인 것처럼 말하는 것이라고 생각해요. 자기들이 일부이고 하나의 관점이라는 것을 인정하지 않고 '우리만 옳고 다른 신문들은 틀리다'는 식이잖아요. 그게 가장 잘못된 점이죠."

그래서 연주는 권력에서 벗어나 진보 언론을 만들려고 애썼던 《시사저널》 해직 기자들을 존경한다. 어떤 사람들은 《시사저널》에서 나와서 경쟁지 하나 더 만든다고 비난하기도 하지만 연주는 그렇게 생각하지 않는다. 진보 언론이 하나 더 생기면 좋은 세상으로 가는 디딤돌을 하나 더 놓는 것이라고 생각해서다.

"《시사저널》 해직 기자들이 만든 《시사IN》이 정말 고마워요. 진보 언론들은 경제력이 없어서 많이 힘들잖아요. 그렇지만 힘들어도 타협하지 않고 정신을 지켜야 한다고 생각해요. 그런 면에서 《시사IN》은 노력을 하는 거잖아요. 하지만 안타깝죠. 진보 언론일수록 돈이 없더라고요. 좋은 언론들이 더 많이 생기면 좋을 텐데 말이에요."

〈민중의소리〉 역시 연주가 마음 깊이 지지하는 진보 언론 중 하나다. 연주는 인턴 활동을 하면서 〈민중의소리〉 기자들의 월급이 50만 원 수준이라는 것을 알고 깜짝 놀랐다. 그것도 작년부터 지급되었고 그 이전에는 거의 무급으로 활동했다고 한다. 진보에 대한 열정 하나로 버티는 기자들을 생각하면 연주는 안타깝

용산 참사

물대포 사용자 "경찰 →

'여·방패사용' 경찰·검찰 해명 의문

"무전기 꺼놓았다" 직무유기 논란

용산참사 관련 쟁점들

내용	검찰 / 경찰	법대위 및 진상
용역직원 물대포 발사	"경찰권이다"(경찰)→ "소방대원이 자리를 비운 사이 용역직원이 쐈다"(경찰) → "처음부터 용역직원이 잡고 분사했다"(검찰)	경찰의 일방꾸기 용역과 경찰합동 검찰에 제출한 근 채증사진에 용역 분사장면 포함
김석기 서울청장 무전기 청취	"무전기 꺼놓았다"(경찰)	납득할 수 없는
용역직원 불지른 흔적	"흔적 발견하지 못했다"(검찰) → "드럼통 안에서 나무 태웠다"(검찰) → "계단에서 페타이어 태웠다"(검찰)	용역업체 수사의 경찰이 반조

민 진압과정에서 철거용
원된 사실이 속속 밝혀지
새로운 국면을 맞고 있
경진압을 감싸며 사건
검 각종 의혹이 사실로
찰 수사의 신뢰가 크게
다.

당 이정희 의원이 5일 공
의 채증사진에는 소방호스
를 쏘는 용역업체 직원이
렷하게 찍혀 있었다.
용역업체 직원의 물대포 분
에 대한 경찰 해명은 시종 말
거짓말로 일관해왔다.
서울청 경비1과장은 지난 3
원 MBC 〈PD수첩〉과의 인터
"물포를 쏜 것은 경찰관"이라
다. 그러나 물을 뿌린 사람이
재 직원으로 확인되자 김 과장
"현장에서 용역 직원이 경찰
물대포가 아니라 소방호스로

사기를 잡고 있으라'고 했다"고 해명
했다. 그러나 서울중앙지검 정병두
수사본부장은 5일 "소방대원이 소화
전에 호스를 연결하는 작업을 마친

경찰청장의 무전기 청취 등 작전 지
휘 여부도 논란이 되고 있다. 경찰은
검찰의 서면질의 답변서에서 "진압
작전 당시 집무실에 무전기가 있었지
만 켜놓지는 않았다"고 밝혔다.
그러나 경찰 고위 간부는 대개 24
시간 내내 무전기를 켜놓고 있어 경
찰 주장의 신빙성이 떨어진다는 지적
이다. 일선 경찰들조차 "통상적으로
무전기는 켜놓고 있는데 이런 중요한
작전 때 꺼놓았다는 게 납득이 되지
않는다"는 반응이다.
무전기를 꺼놓고 보고를 받지 않았
다면 직무유기가 아니냐는 바판도 제
기됐다. 민주당 송두영 부대변인은

자격이 없다"고 밝혔다. 서울경찰청
관계자는 "집무실 옆에 상황실이 있
어 수시로 보고를 받기 때문에 청장
이 항상 무전기를 켜놓고 있는 것은
아니다"라고 말했다.
참사 전날인 지난달 19일부터 용역
직원이 남일당 건물 내에서 불을 피
워 유독성 연기를 옥상 쪽으로 올려
보냈다는 부분도 속속 사실로 확인되
고 있다. 그러나 검찰 수사결과는 시
시각각 변했다. 정병두 수사본부장은
"페타이어로 불 지른 흔적을 발견하
지 못했다. 드럼통에 넣어서 피우니
까 치우면 없어진다"(4일)고 했다가
5일에는 "건물 내부 계단 쪽에 볼날

용역직원들이 'POLI▒
으로 '경찰'라고 적힌
사용한 점도 논란거리
진상조사단 장주영 변
직원들이 경찰의 방조
를 벗어난 일을 한 것은
위반"이라며 "경찰은 ▒
기 때문에 직무유기에
밝혔다.
그러나 검찰은 "용
물 안으로 들어가지 않
고 있다"며 "특별히 드
다"고 밝혔다.
                    silverman

이상 연주 기자였습니다

기만 하다. 연주가 할 수 있는 일은 그리 많지 않다. 하지만 응원하는 마음으로 수시로 〈민중의소리〉 기사를 읽고, 가끔씩은 가판대에서 《시사IN》을 사 본다.

소통이 필요한 세상

연주가 다니는 간디학교는 기숙학교다. 이제는 친구들과 함께 지내는 것이 그리 어색하지 않다. 하지만 처음에는 정말 말도 많고 탈도 많고 눈물도 많은 공동생활이었다. 그중에서도 고등학교 1학년 때가 가장 힘들었다. 입학하면 1학년들은 한 달간 국토 순례를 떠난다. 6월에 떠나는데 그 무렵이 날씨가 슬슬 더워지는 때라 여간 힘든 게 아니었다. 여자 애들끼리는 "너, 나 싫어하지?" 하면서 티격태격하다가 눈물바다가 되는 것이 일상이었다. 하지만 모난 돌도 물살을 만나면 둥글게 변하는 것처럼 한 달간 국토 순례를 하고 돌아오면 아이들은 어느새 부쩍 성장해 있었다. 연주도 그랬다. 국토 순례를 다녀온 후 자신이 둥그렇게 변한 느낌이었다고 그때를 회상한다.

"저도 중학교 때까지만 해도 다른 친구들과 관계를 잘 맺는 꽤 괜찮은 애라고 생각했어요. 그런데 여기 오니 저도 다른 친구들이랑 똑같더라고요. 그때 소통에 대해서 많이 생각한 것 같아요. 처음에는 다른 사람들과 함께 생활하다 보면 부대끼고 싸우게 되는데, 그게 소통이 잘 안 되서 그렇거든요. 자기만 옳다고 우기니까 소통이 안 되고 그래서 싸우게 되는 거죠."

연주는 모든 일은 소통에 달려 있다고 생각한다. 소통이 잘되어야 일, 사랑, 공부도 가능하다. 어디 그뿐일까. 사회에서는 소통이 잘되어야 정치와 경제도 잘 돌아가는 것 아닌가. 자기 틀만을 고집하는 세상, 옆에 있는 사람이 무슨 생각을 하고 있는지 알지 못하는 세상이라면 무슨 의미가 있겠냐며 연주는 반문한다. 연주가 제일 중요하게 생각하는 것이 '내 옆 사람 생각 바꾸기'다. 바로 곁에 있는 사람과 소통하지 못하고 생각도 바꿀 수 없다면 결코 사회를 변화시킬 수 없다는 것이다.

연주는 얼마 전부터 헌책방을 탐방해서 영상으로 담고 있다. 연주는 헌책방이야말로 이 세상의 가장 기본적인 소통을 위해 힘쓰는 공간이라고 생각한다. 손때 묻은 책이 다른 사람의 손으로 옮겨 갈 때 비로소 소통이 시작되기 때문이다. 누군가 그어 놓은 밑줄을 눈으로 따라가며 마음으로 이야기를 나눌 수 있는 곳이 바로 헌책이라고 생각한다. 연주는 이 헌책방 이야기를 담은 영상을 졸업 작품으로 발표할 예정이다.

세상과 아름답게 소통하는 저널리스트를 꿈꾸며

연주는 요즘 만평에 푹 빠져 산다. 인터넷으로 신문을 볼 때 만평은 빼먹지 않고 본다. 만평을 보면 세상이 보인다. 작은 사각형 안에 담긴 세상을 보고 있노라면 시간 가는 줄 모른다. 연주가 가장 좋아하는 만평가는 〈프레시안〉에 만평을 연재하는 손문상 화백이다. 연주는 손 화백의 그림이 특별해서 좋다. 만평은 대개 그날의 주제를 잡아 표현하는데, 연주는 손 화백의 시선이 무척 마음에 든단다.

"촛불 집회가 열리던 때는 거의 날마다 꽃을 머리에 단 미친 소가 만평에 등장해서 배꼽을 잡고 웃었죠. 손 선생님 만평은 너무 재미있으면서도 씁쓸하게 만들어요. 그게 만평의 맛이겠지만 말이에요. 가끔씩 가슴 한구석이 찡하게 아려 올 때도 있고요."

손 화백의 만평만큼 연주를 사로잡는 것이 또 있다. 바로 EBS의 〈지식채널e〉다. 다양한 사회의 이야기, 삶의 귀감이 될 만한 인물 등 여러 이야기를 다루는 점이 너무 좋다. 연주는 꼭 챙겨 볼 만큼 〈지식채널e〉의 마니아다. 무엇보다 이 방송이 가장 마음에 드는 점은 직설적이지 않다는 점이다. 가슴을 잔잔하게 적시면서 메시지를 충분히 전달한다. 그래서 "나를 돌아보게 만드는 힘이 있는 프로그램"이라는 게 연주의 평이다. 연주는 "진중권 교수님이 〈지식채널e〉를 두고 만약 영상 시대에 문학이 존재한다면 바로 이것"이라고 평했다며 어깨를 으쓱했다. 마치 자신이 칭찬받은 것 같은 표정으로.

연주의 꿈은 저널리스트다. 우리나라에는 아직 잘 알려진 저널리스트가 없다. 또 그만큼 저널리스트라는 영역도 발달되지 않았다. 그래서 연주는 더더욱 저널리스트가 되고 싶다. 사람들의 마음을 촉촉이 적셔서 변화를 이끌어 내는 그런 글을 쓰고 싶다.

"손문상 선생님의 만평처럼 많은 것을 하나에 담고 있으면서도, 〈지식채널e〉 같은 잔잔한 감동과 변화를 이끌어 내는 글을 쓰는 저널리스트가 되고 싶어요."

연주는 얼마 전 《파업》이라는 책을 읽었다. 헌책방 영상을 찍다가 우연히 발견한 이 책은 전태일문학상 2회 수상작이다. 이 책은 평범한 노동자들이 파업을 하게 되는 과정을 사실감 있게 묘사하고 있다. 어쩌면 이 시대에 걸맞지 않은 책인 듯하다. 하지만 그 안에는 여전히 지금과 크게 다르지 않은 삶이 있었다. 우연히 집어 든 이 책을 읽으며 연주는 많이 울었다.

"파업 이야기였지만, 그 안에 사랑, 우정, 갈등, 사회문제 등 모든 것이 있더라고요. 이 책을 읽으면서 그분들이 있었기에 지금 내가 이렇게 편하게 살고 있는지도 모르겠다는 생각이 들었어요. 그리고 지금도 여전히 비정규직 문제나 파업 등 정도는 다르지만 그런 문제가 많잖아요. 여전히 문제는 그대로인데 사회에서 가려지고 잊혀진 거죠. 만약 시간이 된다면 다른 친구들한테 이 책을 한번 읽어 보라고 권하고 싶어요."

연주는 또 이렇게 덧붙인다.

"주위 친구들을 보면 지금 당장 자기와 상관이 없어 보인다고 외면하는 경우가 많은 것 같아요. 하지만 뭐든지 세상과 연결되지 않은 건 없잖아요. 쇠고기 수입 문제, 쌀 수입 개방 문제, 독도 영유권 문제, 비정규직 문제 들이 커다란 고리에서 보면 결국 자신의 문제라는 걸 알게 되었으면 좋겠어요. 그리고 모든 사회적 현상에 '왜'라는 질문을 한번 더 던져 보면 좋을 것 같아요."

인터뷰를 마치고 집에 도착할 무렵 휴대 전화가 다시 한 번 짧게 몸을 떨었다.

'오늘 마음 편하게 얘기하고 소통할 수 있어서 행복했어요. 감사합니다. 연주.'

김진혁 (〈지식채널 ⓔ〉 전 프로듀서)

5분에서 찾은 소통 비법

우리 사회에서 소통은 가장 어려운 문제 중 하나입니다. 그만큼 반목과 오해로 몸살을 앓고 있는 것이 현실이지요. 때로는 저도 그 현실에 고개를 돌리고 싶을 만큼 참 지긋지긋하게도 '불통'이라고 할 수 있죠.

과연 이것을 어떻게 해야 할까 질문을 던져 보면 마음만 참 답답합니다. 그래서 많은 이들이 처음에는 분노하다가도 결국에는 포기하거나 외면하면서 살아갑니다. 그런데도 소통을 꿈꾼다면 단단히 각오를 해야 합니다. 왜냐하면 가장 먼저 요구되는 덕목이 '인내심'이기 때문이죠.

어떻게 하면 인내심을 가질 수 있을까요? 거기에는 크게 두 가지 방법이 있습니다. 한 가지는 앞으로는 더 나아질 것이라는 '희망'을 갖는 것입니다. 더 나아질 미래를 생각하면 힘들어도 견뎌 낼 수 있지요. 하지만 우리 모두는 사람이라서 시간이 흘러도 별로 나아지는 것이 없어 보이면 희망이 퇴색되고 결국 절망이 됩니다. 인내심도 거기까지라고 할 수 있습니다.

또 한 가지 방법 역시 희망을 갖는 것이긴 합니다만, 방법이 조금 다릅니다. 희망을 갖기 이전에 '왜' 희망을 가져야 하는지 정확하게 파악해 보는 것이지요. 과연 희망을 가질 만한지 아닌지, 만약 희망을 가져야 한다면 어떠한 이유에서 그러한 것인지 꼼꼼하게 따져 보는 것입니다.

이러한 방법으로 희망을 갖기 위해서는 현실을 있는 그대로

연주

정확하게 파악할 줄 알아야 합니다. 아마 찾다 보면 거기에는 희망만 있는 것이 아니라 절망도 분명히 있을 거예요. 또 어떤 것은 희망인지 절망인지 알 수 없는 것도 있을 것이고요. 하지만 그렇다고 해서 너무 섭섭해할 필요는 없습니다. 그렇게 찾은 희망이야말로 현실이라고 하는 땅에 뿌리를 내린 나무와도 같은 것이기 때문이죠. 뭐랄까…… 진짜 희망이라고 할까요?

자, 이렇게 진짜 희망을 가지고 발휘하는 인내심은 어지간해서 사라지지 않습니다. 그뿐만 아니라 현실을 정확하게 판단하고 있기 때문에 그냥 인내심만 발휘하는 것이 아니라 구체적인 문제점과 개선책도 같이 알 수 있게 됩니다. 왜 소통이 잘 이루어지지 않는지, 각 집단마다 소통의 어떤 점이 다른지, 공통분모는 없는지, 없다면 어떻게 하면 만들 수 있을지 등등 아주 재미있어지지요.

이러한 과정에서 우리가 흔히 얘기하는 '지혜'가 자연스럽게 쌓여 간다고 할 수 있어요. 그저 누군가의 지혜를 흉내 내는 것이 아니라, 스스로 수많은 고민을 통해서 만들어 낸 자기만의 체화된 지혜라고 할 수 있지요. 진짜 지혜이지요. 그리고 이렇게 체화된 지혜에서 가장 중요한 것은 근거 없는 희망이나 절망으로 자신을 속이기보다는 현실을 있는 그대로 냉철하게 바라보고 인정하는 데서 출발하는 것입니다.

〈지식채널e〉는 그처럼 팍팍한 현실 위에서 가질 수 있는 '진짜 희망'이 무엇인지 고민한 결과물들이라고 할 수 있어요. 첨예

하게 대립하는 혹은 편견과 선입관으로 왜곡되어 있는 사실 속에서 누구나 공감할 수 있는 보편적인 '진실'을 찾고자 했던 것이지요.

마음에 안 들고 답답하다고 냉소적으로 보지 않으며, 그렇다고 해서 무조건 긍정하고 희망이 있다는 식으로 미화하지도 않는 것. 어려움 속에서 아주 작더라도 실제로 존재하는 공통점을 찾는 것이 〈지식채널e〉입니다.

처음에는 5분에 불과한 프로그램이 뭘 어떻게 할 수 있을까 싶은 마음도 있었지만, 그 짧은 5분에 많은 이들이 공감하는 것을 보며 소통이란 그처럼 어렵더라도 인내심을 가지고 보편적인 공감대를 찾아 계속 넓혀 가는 것이라고 확신하게 되었습니다. 인내심을 가지고 현실을 과장 없이 바라보고, 그 안에서 누구나 공감할 수 있는 보편적 공감대를 찾을 수만 있다면 '소통'은 반드시 가능합니다.

일희일비하는 주위의 많은 말들에 현혹되지 마시고 확신을 가지고 진짜 소통을 향해 도전해 보세요. 아직 아무도 발견하지 못한 소통의 어떤 지점, 어떤 방법이 연주 학생을 기다리고 있을지도 모르니까요.

유쾌,
상쾌,
통쾌한 정치 이야기

재미있고 맛깔스런 정치를 만드는 창숙

"후둑, 후두둑, 후둑." 10월의 어느 토요일 정오, 회색빛 하늘에서 가을을 재촉하는 굵은 빗줄기가 쏟아지기 시작한다. 갑작스런 비에 사람들은 손으로 우산을 만들고 이리저리 뛰느라 바쁘다. 가을 치고는 이상스레 높은 기온 때문인지 차가운 가을비에도 사람들은 얼굴을 찡그리지 않는다. 통인동에 있는 참여연대 건물도 가을비에 젖는다. 유리창에 굵은 빗방울이 "툭" 하고 부딪히고는 "또르르" 흘러내리기를 되풀이한다.

"어, 이거 한낱 팀장이 회장님하고 대화가 될까 모르겠어!"

"아유, 팀장님. 왜 그러세요, 헤헤."

"왜? 진짜잖아. 와하하하하."

참여연대 건물에서 빗소리를 가르며 유쾌한 웃음소리가 터져 나온다. 웃음소리가 흘러나오는 곳은 5층에 있는 회의실이다. 미닫이 유리문 밖으로 지현। 35세।씨와 창숙। 16세।이의 모습이 보인다. 무슨 재미있는 일이 있는지 두런두런 이야기를 나누다가 한

바탕 웃고, 다시 소곤거리다 크게 웃는다.

두 사람은 오늘 처음 만났다. 나이 차이만 열아홉 살이다. 서로 낯설 법도 한데, 두 사람은 예전부터 잘 아는 언니 동생처럼 죽이 잘 맞는다. 지현 씨가 한참 웃다 말고 눈을 동그랗게 뜨고는 창숙이에게 말을 건넨다.

"사실 나 오늘 창숙이 만나기 전에 무지 긴장했는데."

"어, 왜요?"

"내가 청소년을 만나 본 지 아주 오래되어서 무슨 말을 어떻게 해야 되나 걱정되더라고. 그런 기분 있잖아. 외국인을 만나는 기분이랄까, 흐흐."

"앗, 그러셨구나. 저는 참여연대에서 오래 일하신 팀장님이라서 오늘 배울 게 많을 것 같아 기대 많이 하고 왔는데요."

"어, 큰일이네. 너무 기대하지 마. 난 한낱 팀장이잖아. 하하하."

창숙이의 대답에 지현 씨는 다시 한 번 농담으로 받아친다. 두 사람은 다시 한 번 까르르 웃음을 터뜨린다.

정치, 우리가 감시한다

지현 씨와 창숙이에게는 공통점이 하나 있다. 아주 재미없을 것 같은 정치라는 영역에서 활동한다는 점이다. 참여연대 의정감시 팀장ㅣ지현ㅣ과 이천 청소년 YMCA연합회장ㅣ창숙ㅣ이 두 사람에게 붙은 직함이다. 두 사람이 주고받은 농담처럼 직함만 봐서는 팀장인 지현 씨보다 회장인 창숙이가 훨씬 높은 셈이다. 창숙이는 지현 씨 하는 일이 무척이나 궁금했던 모양이다.

"팀장님, 의정 감시는 어떤 일이에요?"

질문하는 창숙이의 눈망울에 호기심이 가득하다. 참여연대의 의
정감시센터 8년차인 이지현 팀장은 말 그대로 '의정을 감시하는
일'을 한다. 부패한 국회의원은 없는지, 각 정당은 제 기능을 하
고 있는지, 비민주적인 의회 활동을 하지는 않는지 등 독수리처
럼 날카로운 시선으로 국회를 감시하는 것이 지현 씨가 하는 일
이다. 하루 일과는 '정치'로 시작해 '정치'로 끝난다. 아침에 일
어나 그날의 정치 기사를 스크랩하는 일로 시작해 하루 종일 국
회의원과 정당 관련 정보들을 수집한다. 지현 씨는 모락모락 김
이 나는 커피를 한 모금 마시고는 창숙이를 바라본다.

"그러니까 쉽게 말하면 이런 거야. 원래 국민들이 국회를 감시
해야 하잖아. 그런데 현실적으로 국민들이 만날 국회의원 활동
이나 정당 안건을 보고 있을 수는 없지. 그래서 국민들을 대신해
서 국회를 감시하고, 한편으로는 국민들이 좀 더 편하게 정치인
들을 평가할 수 있도록 도와주는 일이라고 할 수 있어."

지현 씨는 국민들이 원할 때는 언제든 국회의원들에 대한 정보나
활동을 알 수 있도록 수집한 정보를 모아 자료로 만든다. '열려라
국회 | http://watch.peoplepower21.org | '는 그런 많은 정보들이 모여 있
는 정보 창고다. 국내에서는 유일한 '국회의원 데이터베이스 사
이트'라고 한다. 지현 씨의 주요 일과는 '열려라 국회'를 관리하
는 것이다.

한참 이야기하던 지현 씨가 피곤한 듯 양손으로 얼굴을 쓸어내린다. 지현 씨의 얼굴이 무척 피곤해 보인다. 창숙이가 지현 씨를 향해 "왜 이렇게 피곤해 보여요?" 하고 묻자, 지현 씨는 "국감이었잖아" 하면서 씩 웃는다. 이제 막 2008년도 국정감사가 끝났다. 국정감사 기간은 지현 씨가 1년 중 가장 바쁜 때다. 국정감사 기간 내내 밤낮 할 것 없이 지켜보고 평가해야 한다. 주로 국회 방송을 보는데, 때로는 직접 방청하기도 한다. 국정감사가 끝나면 이 기간 동안 수집한 자료를 분석해 그해 국정감사에 대한 총평을 낸다. 문제점이 있으면 이것을 주제로 참여연대의 의제를 만드는 데 반영하기도 한다. 국정감사 기간도 바쁘지만 국정감사가 끝난 뒤 본격적인 활동이 시작된다.

어제는 방송인 김미화 씨가 진행하는 라디오 프로그램에서 인터뷰 제안이 왔다. 국정감사가 끝나면 인터뷰 요청이 많다. 갑작스런 제안이라 거절했지만 담당 작가는 막무가내였다. 어쩔 수 없이 인터뷰를 하기로 했다. 그런데 겨우 5분 동안 준비를 하라고 해서 지현 씨는 무척이나 난감했다고 한다. 별별 일을 다 겪다 보니 "이 정도는 애교"라면서 웃는다. 지현 씨는 "올해는 주제는 풍성했으나 실속은 없었던 솜방망이 국감"이었다고 짧은 평을 덧붙인다.

창숙이는 국회를 감시하는 일을 하는 지현 씨가 대단해 보이는 모양이다. 한참 이야기를 듣고 있던 창숙이는 "우와, 진짜 대단하세요. 완전 바쁘시겠다"며 감탄한다. 지현 씨는 창숙이를 보며 부드러운 미소로 답한다.

YMCA에는 '아기 스포츠단'만 있는 줄 알았어요

"요즘 창숙이 활동은 어때? 창숙이도 무척 바쁘지?"

지현 씨가 창숙이를 보며 묻는다. 창숙이는 그렇다고 짧게 대답
하고는 쑥스러운 듯 손가락으로 앞머리를 쓸어내린다. 원래 창
숙이는 무척 내성적인 성격이었다. 지금도 그런 면이 남아 있지
만 전에 비하면 몰라보게 자기주장이 확실한 성격으로 변했다.
가장 큰 계기는 YMCA 활동이었다. 창숙이는 올해로 3년째 활
동하고 있다.

YMCA와의 만남은 정말 우연이었다. 고등학교에 입학해서 무작
정 가입한 수화 동아리가 YMCA에서 운영하는 동아리였다. 수
화를 배우기 위해 가입했지만, 창숙이는 점차 다른 매력에 흠뻑
빠졌다. 바로 청소년 운동이었다. 청소년들이 사회문제나 정치
에 적극 참여한다는 사실만으로도 가슴이 뛰었다. 창숙이가 옛
날 일이 생각났는지 슬쩍 미소를 지으며 입을 연다.

"사실 저는 청소년 운동이라고는 전혀 몰랐어요. 청소년 YMCA
가 무슨 활동을 하는지도 몰랐죠. YMCA에는 '아기 스포츠단'
만 있는 줄 알았으니까요. 그런데 알고 보니까 청소년 인권이나
정책에 관련된 활동을 굉장히 많이 해왔더라고요."

아기 스포츠단이란 말에 지현 씨는 "큭큭"거리며 재미있다는 듯
웃는다.

"나도 이따금 청소년 YMCA의 활동에 대해 들었어. 청소년 관련 정책이나 인권 운동을 활발하게 해 왔잖아. 최근에 창숙이는 주로 어떤 활동을 하고 있어?"

창숙이는 작년부터 올해까지 무척 바빴다. 올해 전국 청소년 YMCA 공동 회장에 당선되는 바람에 더 그랬다. 회장직이 두 개다 보니 직함만큼이나 해야 할 일들이 늘었다. 청소년들의 인권과 교육, 노동권 확보 등 다양한 현안에 대해 청소년들의 이야기를 들어 보는 토론회| 청소년이 보이는 대한민국 |, 국회의원 후보들에게 청소년들의 의견과 정책 제안을 전달하는 활동| 국회의원 후보들에게 편지 쓰기 |, 학교 자율화, 미국산 쇠고기 수입, 공기업 민영화 등 이명박 정부 집권 이후 일어난 여러 쟁점에 대한 캠페인| 미친 소, 미친 교육, 美친 청소년 YMCA가 외칩니다 | 등이 작년과 올해 한 주요 활동들이다.

이 중에서 창숙이의 기억에 가장 많이 남는 활동은 올해 청계광장에서 벌인 캠페인이다. 학교 자율화나 미국산 쇠고기 수입 문제 등 여러 현안을 다루었다. 이 캠페인이 가장 크게 기억에 남는 이유는 '청소년들의 목소리를 내는 자리'였기 때문이다. 창숙이는 청소년들에게 선거권이 없는 것과 학생이라는 이유로 정치 참여에서 배제되는 것이 늘 속상했다. 창숙이의 목소리가 조금 높아진다.

"제가 청소년 운동을 하다 보니 진짜 청소년들의 입지가 좁다는 것을 절실하게 느껴요. 청소년들은 사회의 의사결정 구조에서 너무 소외되어 있어요. 그걸 알고 나니까 더 열심히 활동을 하게 되더라고요. 이 캠페인을 열심히 해서 청소년들의 현실을 알려야겠다는 생각이 든 거죠."

지현 씨가 고개를 끄덕인다. 지현 씨는 웃으며 "청소년들에게 투표권이 없는 것이 가장 큰 이유지" 하고 덧붙인다. 창숙이도 "맞아요" 하고 맞장구를 치고는 고개를 끄덕인다.

왜 청소년에게는 선거권이 없을까

참정권은 직접 혹은 간접으로 국정에 참여할 수 있는 권리이다. 우리나라에서는 만 19세가 되어야 참정권이 있다. 만 20세에서 1년 낮추었지만, 여전히 청소년들에게는 참정권이 없다. 창숙이는 만 18세부터 참정권을 주어야 한다고 생각한다. 연령을 더 낮추어 참정권을 주면 더 좋다고 생각한다. 지현 씨는 요즘 활발하게 진행되고 있는 '18세 참정권 운동'은 꽤 오래전에 시작되었다고 이야기한다.

"참정권을 주는 나이를 낮추자는 얘기는 사실 꽤 오래전부터 시민운동 쪽에서 나왔어요. 최소한 18세는 되어야 한다고 주장했죠. 그런데 정치 세력들이 어린 학생들은 판단력이 없기 때문에 선거권을 주면 안 된다고 강하게 반대했어요. 서로 주장이 너무 팽팽하다 보니 절충안으로 19세가 된 거죠. 하루빨리 18세 참정권이 실현되어야 해요."

18세 참정권은 세계적인 흐름이기도 하다. 현재 150여개 나라에서 18세가 되면 선거권을 주고 있다. 20세부터 참정권을 주는 나라는 일본, 튀니지 등 아주 적다. 창숙이는 "우리나라는 의무만 있고 권리는 없는 나라"라고 딱 잘라 말한다.

"청소년 운동을 하는 친구들 사이에서 우리나라는 의무만 있고 권리는 없는 나라라는 이야기를 많이 해요. 현재 우리나라 청소년들은 공무원도 될 수 있고 결혼도 할 수 있어요. 또 원하기만 하면 군대도 갈 수 있고요. 그런데 유독 참정권만 없어요. 이건 좀 말이 안 돼요."

특히 청소년들과 직결된 정책을 결정하는 과정에서 청소년들의 의견이 전혀 수렴되지 않는 것이 가장 큰 문제다. 그 예로 해마다 바뀌는 교육정책이 있다. 당사자인 청소년들의 의견은 완전히 무시하고 어른들 마음대로 결정한다. 그 속에서 멍드는 건 오로지 청소년들뿐이다. 창숙이가 청소년들에게 하루빨리 참정권을 주어야 한다고 강조하는 이유가 바로 이 때문이다.

지현 씨는 최근 영국에서 일어난 일을 전한다. 한 고등학생이 총선에 출마했는데, 비록 당선은 되지 않았지만 직접 출마할 수 있다는 사실을 주목해야 한다고 강조한다. 호주 등 일부 나라에서는 14세부터 정당 활동이 가능하다. 우리나라의 현실과 견주어 보면 부럽기만 한 일이다. 지현 씨는 얼마 전 시민 교육 프로그램을 조사하기 위해서 독일을 다녀왔다. 독일에서 우리나라와는 아주 다른 모습을 발견했다.

"요즘에는 어떤지 모르겠지만, 내가 어릴 때만 해도 어른들이 아이들에게 커서 어떤 사람이 되고 싶으냐고 물으면 의사, 변호사,

선생님이라고 대답했어. 그런데 독일 아이들에게 똑같은 질문을 하면 많은 아이들이 시장이 되고 싶다고 대답한대. 참 놀랍지? 우리나라에서는 정치인이 되겠다는 아이들은 별로 없잖아. 청소년들에게 건강한 정치의 이상을 심어 주는 독일이라는 나라가 참 부러웠어."

창숙이는 지현 씨의 이야기를 듣다가 가만히 창문 쪽으로 시선을 돌린다. 다른 나라 이야기를 들으니 내심 부럽기도 하고 우리나라 청소년들의 현실이 속상하기도 한 모양이다. 스무 살이 되면 갑자기 정치 의식이 생기는 것도 아닌데 청소년들의 정치 참여를 반대하는 어른들을 이해하기 힘들다. 더구나 20대의 선거 참여율이 낮다며 비난하는 것은 더 이해할 수 없다. 창숙이는 정치에 참여한 경험이 없는 청소년들이 20대가 되어 정치에 무관심한 것은 당연하다고 말한다.

지현 씨는 창숙이의 말이 끝나기가 무섭게 맞장구친다.

"훌륭한 지적이야. 청소년 시절부터 정치에 참여하고 비판도 해 봐야 나중에도 할 수 있지. 스무 살이 될 때까지 정치에 참여해 보거나 자신의 정치적 의견을 드러낸 적이 없는 사람들이 적극적으로 정치에 참여하기를 기대할 수는 없어. 창숙이 말이 백번 맞아."

창문 틈으로 한 줄기 햇살이 블라인드 사이를 뚫고 들어온다. 어느새 가을비는 잦아든 모양이다.

"나는 정치란 가능성이라고 생각해."

"열릴 것 같지 않던 문이 조금씩 열리는 것처럼 말이에요."

'백 번 듣는 것이 한 번 보는 것만 못하다'는 옛 말이 있다. 수백 번 설명을 듣는 것보다 한 번 해보는 것이 낫다는 뜻이다. 두 사람은 정치 과정에 참여하는 것 역시 마찬가지라고 목소리를 높인다. 나이 차도 크고 경험도 다르지만 두 사람은 똑같이 '정치 참여 경험의 중요성'을 외친다.

"사실 학생들이 정치에 그렇게 무관심한 것은 아니에요. 학생들 나름대로 사회문제나 뉴스에 나오는 사건에 대해 많이 이야기해요. 특히 최근에 학교 자율화에 대해서는 많은 아이들이 화를 내더라고요. 그런데 아이들은 대부분 반대 의견을 어떻게 주장해야 하는지 몰라요. 그냥 친구들과 투덜거리고 마는 거죠. 제가 생각하기에 그게 다 정치 경험이 없어서 방법을 모르기 때문이에요."

창숙이는 청소년들이 정치를 경험할 기회가 많아진다면 큰 변화가 생길 거라고 확신한다. 그러기 위해서는 가장 먼저 학교가 학생들의 의견을 반영하는 구조로 바뀌어야 한다고 생각한다. 예를 들어, 소풍 갈 장소나 소풍 갈 때 교복을 입을 것인지 사복을 입을 것인지 결정할 때 학생들의 의견을 적극 반영해야 한다는 것이다. 또한 기존의 학급 회의나 학생회 활동이 진짜 정치 참여 과정이 되도록 만들자고 제안한다. 형식적인 회의가 아니라 의사결정 과정을 경험할 수 있도록 만들자는 것이다. 창숙이는 이런 작은 경험들이 쌓여 결국에는 적극적인 정치 참여 활동의 초

창
숙

석이 될 것이라고 생각한다.

예전에 창숙이는 아버지가 텔레비전 뉴스를 보고 있으면 채널을 돌려 버렸다. 하지만 정치 참여 과정을 경험하고는 크게 달라졌다. 창숙이가 자신의 목소리로 정치에 참여하면서 가장 크게 느낀 것은 '속시원함'이었다.

"저는 통쾌함을 느꼈어요. 전에는 학교나 사회에 불만이 있어도 그냥 꾹 눌러 참는 편이었어요. 저뿐만 아니라 대부분 비슷할 거예요. 그런데 문제가 있다고 느꼈던 것들을 제 목소리로 비판할 수 있으니까 정말 속이 시원했어요. 저는 다른 친구들도 정치 과정을 경험하면 그런 감정을 느낄 거라고 생각해요."

지현 씨 역시 창숙이의 이야기에 공감한다. 수년 간 참여연대에서 활동하면서 많은 젊은이들의 변화를 지켜보았다. 인턴 대학생들은 처음에는 호기심으로 찾아왔다가 한두 달 활동한 뒤에는 굉장히 달라진 모습으로 돌아갔다. 그들을 변화시킨 것은 참여연대의 뛰어난 교육 프로그램만이 아니었다. 바로 진짜 정치 과정에 참여해 본 경험이었다.

지현 씨는 매번 젊은이들이 정치에 더 많이 참여할 수 있는 기회를 만들어야겠다고 다짐한다. 지난해 대학생들을 중심으로 해본 '모의국회'도 그런 다짐을 확인하는 과정이었다.

"대학생들과 함께 법안을 만들고 의결하는 과정, 그러니까 국회 과정을 해봤어요. 자신들이 국회의원이라고 생각하고 팀을 나눠 법안을 만들었죠. 국회로 치면 상임위원회예요. 여러 팀이 서로

찬반 토론도 벌이고 표결도 했어요. 반응이 정말 대단했어요. 모의국회를 하고 나서 다들 정치에 대한 생각도 많이 달라졌다고 하더라고요."

말을 끝낸 지현 씨는 창숙이를 향해 "청소년들도 모의국회를 해 보면 어떨 것 같아?" 하고 묻는다. 그러자 창숙이는 밝은 표정으로 아주 재미있을 것 같다고 대답한다. 지현 씨는 고개를 끄덕이며 빠른 시일 내에 한번 준비해 보자며 눈을 찡긋한다.

또한 지현 씨는 인터넷을 좀 더 활용하는 방법에 대해 제안한다. 지금 상황에서 청소년들이 가장 쉽게 정치에 참여할 수 있는 통로가 바로 인터넷이기 때문이다. 촛불 집회는 가장 좋은 예다. 지현 씨는 참여연대에서도 얼마 전에 인터넷을 활용해 정치 참여 기회를 확산했던 경험을 소개한다.

"이번 국정감사 때 포털사이트와 함께 '국정감사 저도 질문 있어요'라는 코너를 운영했어. 네티즌들이 국정감사 때 꼭 다루었으면 하는 주제나 질문을 올리는 거지. 나이, 성별, 학력, 그 어떤 것도 상관없지. 그냥 로그인만 하면 누구나 참여할 수 있어서 반응이 굉장히 좋았어. 네티즌들과 국회의원들도 모두 적극 참여했지. 광주 지역의 한 의원은 실제로 국정감사 때 질문할 주제를 제시하고 네티즌들의 의견과 평가를 받기도 했어. 그 내용들은 물론 국정감사 때 반영되었어. 이런 게 바로 온라인을 적극 활용한 참여 정치가 아닌가 싶어."

창숙이의 눈이 반짝 빛난다. 창숙이는 지현 씨가 묻지도 않았는데 "인터넷으로 학생들이 정치에 참여할 수 있는 기회를 더 많이 만들어야겠어요" 하고 말한다. 지현 씨가 그런 창숙의 모습을 보고는 환하게 웃는다.

가능성과 희망의 정치

어느새 해가 저만치 기울기 시작한다. 한바탕 비를 뿌리고 난 뒤라 하늘은 청명하고 노을은 더욱 붉다. 한동안 노을을 바라보던 지현 씨가 문득 혼잣말을 한다.

"내가 어떻게 하다 의정 감시에 발을 들여놓았을까……."

반은 장난 같기도 한 혼잣말에 창숙이는 가만히 지현 씨의 얼굴을 바라본다. 창숙이의 시선을 느꼈는지 지현 씨가 창숙이를 본다. 그러더니 뜬금없이 질문을 던진다.

"정치가 뭐라고 생각해?"

창숙이는 양손으로 관자놀이를 누르더니 "으, 너무 어려워요!" 하면서 장난기 어린 표정을 짓는다. 지현 씨는 창숙이의 모습이 귀엽다는 듯 바라보다 먼저 입을 연다.

"나는 정치란 가능성이라고 생각해."

지현 씨는 처음 시민운동에 발을 들여놓은 2000년도 낙선 운동과 최근 촛불 집회가 모두 가능성의 증거라고 생각한다. 모든 사람들의 예상을 깨고 성공적으로 낙선 운동이 마무리되고, 작은 여중생들의 목소리가 일파만파로 퍼져 커다란 움직임으로 변하는 것을 지켜보면서 지현 씨는 그 생각이 더욱 확고해졌다. 지현

열
정
세
대

씨의 말을 듣던 창숙이가 웃으며 입을 연다.

"네, 맞아요. 정치는 정말 어려운 것 같아요. 저도 이런저런 활동을 하고 있지만 참 느리게 변하는 것 같고요. 그래도 조금씩이나마 변하는 걸 보면 놀랄 때도 많아요. 마치 열릴 것 같지 않던 문이 아주 조금씩 열리는 것처럼 말이에요."

창숙이의 말에 지현 씨는 고개를 끄덕인다. 그러고는 "열 번이고 스무 번이고 두드려서 그 문을 조금씩 여는 것이 우리들의 몫이야" 하고 덧붙인다. 창숙이는 "네!" 하고 경쾌하게 대답한다.

어느덧 해가 저물고 창숙이가 이천으로 돌아갈 시간이 되었다. 창숙이는 지현 씨와 아쉽게 인사를 나눈다.

"정치는 가능성이고, 청소년들은 그 가능성을 이어 가는 존재잖아요. 앞으로 청소년들이 좀 더 정치에 참여할 수 있는 기회를 많이 만들어 주었으면 좋겠어요."

지현 씨는 고개를 끄덕이더니 창숙이에게 손을 내민다. 두 사람은 한동안 맞잡은 손을 놓지 않고 바라보며 웃는다. 지현 씨와 창숙이가 자리를 뜨고 난 뒤에도 참여연대 건물은 한참 동안 불이 꺼지지 않는다. 오랜만에 쏟아진 빗줄기 덕분일까. 참여연대 앞 통인동 거리는 여느 때보다 깨끗하다.

2000년 16대 총선에서 시민들은 정치도 바뀔 수 있다는 가능성을 몸소 체험했다. '시민의 힘 으로 정치를 바꾸자'는 표어 아래 1천1백여 개에 달하는 시민·사회 단체가 모여 부패하고 무능한

함량 미달 정   치 바 꾸 기

정치인을 퇴출하기 위해 '2000총선시민연대'를 결성했다. 낡은 정치 문화와 부패한 관행에 지치고 분노한 국민들은 낙선 운동에 뜨거운 지지와 성원을 보냈다. 그에 힘입어 16대 총선에서 상당수 함량 미달 후보자들이 패배했다. 2000년 총선의 승자는 특정 정당이나 후보가 아니라 유권자들이었다.

지금으로부터 10여 년 전인 1997년, 한국 사회는 '외환 위기'라는 심각한 경제난에 직면했다. 경제 위기의 어둡고 긴 터널을 빠져나오기 위해 국민들은 마음을 모아 열심히 일했다. 그 결과, 우리는 빠르게 외환 위기를 극복할 수 있었다. 하지만 정치 상황은 달랐다. 경제 위기 이후 기업들이 줄줄이 도산했고, 실업 등 심각한 사회문제가 터져 나오는데도 국회의원들은 별다른 대책을 세우지 않았다. 오히려 자신들에 대한 부패 수사를 막기 위해 면책특권을 남용하고, 방탄 국회를 열었다. '뇌사 국회', '식물 국회'라는 비판이 이어지고, 민심은 부글부글 끓어올랐다.

낙천 낙선 운동은 시민·사회 단체가 주도했지만 사실상 유권자 스스로 만들어 낸 자구적 저항 운동으로 볼 수 있다. 한국 사회가 IMF라는 커다란 위기를 맞았는데도 국민을 대표하는 국회가 위기 극복 대책을 만들어 내지 못하고 오히려 자신들의 기득

권을 지키기에만 몰두하자 함량 미달, 무능 정치인을 퇴출하고 시민의 힘으로 정치를 바꾸자는 여론이 힘을 받은 것이다.

총선연대가 낙천 낙선 운동을 하기 위해서는 선거 직전까지 두 가지 선거법 독소 조항ㅣ사회단체 선거 개입 금지 조항, 사전 선거 운동 금지 조항ㅣ을 개정해야 했다. 다행히 여론의 압력에 밀려 국회는 울며 겨자 먹기로 선거법 87조 등 일부 조항을 개정했다. 하지만 유인물 배포, 가두 홍보, 집회 등 시민 행동을 엄격하게 규제해 캠페인에 힘을 뺐다. 결국 총선연대는 일대일 전화 홍보, 1인 거리 유세 등 합법적인 범위 안에서 다양한 운동을 시도했다. 그러나 선거일을 전후해서 개최한 몇몇 집회에서는 불가피하게 선거법에 도전하게 되었다. 그로 인해 총선연대 지도부는 벌금형을 선고받았다. 유권자의 선거 참여를 제한하고, 선거를 정치인들만의 잔치로 만드는 잘못된 정치제도 개선 운동은 지금까지도 이어져 오고 있다.

낙천 낙선 운동 과정에서 정치인들의 반발도 극심했다. 정치인들은 낙천 낙선 운동이 '정치 테러'라면서 시민·사회 단체 대표자들을 고발하겠다고 위협했다. 하지만 정치인들이 민감하게 반응하면 할수록 낙천 낙선 운동에 대한 지지와 정치인 심판 여론은 더더욱 거세게 일어났다. 낡고 부패한 정치는 이미 여론을 통해 심판받고 있었던 것이다.

부패하고 무능한 정치인을 낙선시키자는 운동에 대한 국민들의 여론과 지지가 확인되면서 총선시민연대는 참가 단체의 의견을 취합하고, 국민 여론조사를 거쳐 낙선 대상자 선정 기준 7가지를 정했다. 부패, 선거법 위반, 헌정 질서 파괴 및 반인권 행위를 한 정치인은 무조건 낙선 대상자로 선정하기로 했다. 그 외에도 의정 활동의 성실성, 개혁 법안에 대한 태도, 정치인으로서의 자질을 의심할 만한 행위 등을 조사해 사안의 경중에 따라 부적격 여부를 선택적으로 평가할 수 있도록 했다.

총선시민연대는 국민들이 믿고 참고할 만한 후보 평가 자료를 만들기 위해 출마자 1천5백여 명에 대한 각종 자료를 검토했다. 수년치의 언론 기사와 각종 재판 기록, 국회 회의록 등을 살폈고, 불리하게 작용할 수 있는 자료는 해당 후보에게 보내 소명할 기회를 주었다. 지역 유권자들의 제보와 의견이 줄을 이었고, 부문·지역 단체들의 의견도 들었다. 낙천 낙선 운동을 지지하는 변호사들은 '자문 변호인단'을 구성해 법률적 쟁점들을 검토해 주었다. 정치학자, 사회학자, 법학자들은 '정책 자문 교수단'을 만들어 학술적으로 정당성을 확보하기 위한 활동에 나섰다. 낙천 대상자 102명, 낙선 대상자 86명 명단은 이러한 방대하고도 치밀한 작업을 거쳐 나온 것이다.

정치권은 선거 때마다 여당 야당 할 것 없이 천문학적인 액수의 불법 정치 자금을 조성해서 사용했다. 유권자가 선거에 참여하는 데에는 제약이 많았고, 정치인의 담합으로 인해 정치제도 개혁은 번번이 실패했다. 사법 당국도 미온적으로 정치인을 수사했고, 정당의 후보 추천 절차도 문제가 많았다. 결국 국민들은 스스로 나서지 않으면 바꿀 수 없다는 것에 공감했다. 시민·사회 단체가 낙천 낙선 운동이라는 새로운 운동을 제안하자 국민들은 자신의 자리에서 할 수 있는 방법으로 이 운동에 참여했다.

당시 낙천 낙선 운동은 국민의 85퍼센트의 지지를 받았고, 선거법에 불복종하더라도 지지한다는 여론 역시 85퍼센트에 달했다. 낙천 대상자의 43.1퍼센트가 당 내 후보 추천에서 탈락했다. 최종 낙선 대상자 중 68.6퍼센트의 후보가 실제로 선거에서 낙선했다. 패배자 중에는 각 정당의 지도급 인사도 적지 않았다. 많은 국민들은 낙천 낙선 운동을 통해 정치 개혁 운동도 유쾌하고 즐거울 수 있다는 것을 경험했고, 정치 참여가 저 멀리 있는 것이 아니라는 것도 깨달았다. 인터넷을 주축으로 하는 새로운 소통 수단이 탄생했고, 당시 젊은 세대의 정치 개혁 에너지는 그 후 한국 정치의 내용과 형식을 바꾸는 큰 힘이 되었다.

2008년 미국 대선에서 오바마가 유권자들의 마음을 얻을 수 있었던 한 마디는 바로 '변화'였다고 한다. 우리는 이미 2000년 총선 과정에서 '낡은 정치', '무능 정치', '부패 정치'를 바꾸는 '변화'를 선택했다. 그리고 2009년, 우리는 여전히 정치 개혁의 길에 서 있다.

따스한
햇살이
세상을 비출 때

함께 나누는 기쁨을 아는 '햇살'

신림역에서 서울대로 향하는 길목에 있는 아담한 3층짜리 주택에 '관악사회복지'라는 자그마한 간판이 눈에 띕니다. 간판 옆에는 짙은 감색 대문이 보입니다. 대문 안으로 들어서니 미로 같은 오르막 계단이 기다리고 있습니다. 계단을 오르는데 왁자지껄 아이들의 웃음 소리가 바깥으로 흘러나옵니다. 이따금 "쿵쾅"거리는 요란한 소리도 들립니다. 현관문을 열자 "안녕하세요!" 하며 한 무리의 청소년들이 발랄하게 인사합니다. 바로 햇살 친구들입니다. 비 개인 하늘처럼 맑은 얼굴들입니다.

전염병 같은 나눔 맛 한번 볼래?

햇살 친구들은 매주 토요일, 관악사회복지에 모입니다. 일이 있을 때면 수시로 모이긴 합니다만, 매주 토요일은 동네 아이들과 약속한 날이거든요. 관악사회복지가 있는 신림동은 군데군데 재개발이 되기는 했지만 여전히 형편이 어려운 주민들이 많이 사는 동네입니다. 그렇다 보니 맞벌이 부부나 조손 가정도 많고요. 특히 관악사회복지가 있는 신림2동은 더욱 그렇답니다. 햇살 친구들은 매주 동네 아이들을 만납니다. 토요일 하루, 맞벌이 부부나 조손 가정의 아이들을 돌봐 주기 위해서죠. 햇살 친구들이 대부분 고등학생들이다 보니 학교 수업이 끝나자마자 바쁘게 달려옵니다.

오늘은 동네 아이들과 자율 놀이를 하는 날입니다. 햇살에서 오래 일한 제민이도 여자 친구 현지와 함께 햇살을 찾았습니다. 햇살 10기의 대표인 제민이는 만난 지 240일이 된 현지를 햇살에 끌어들였다고 합니다. 제민이가 그럴 수 있었던 것은 그만큼 햇살 활동이 즐거웠기 때문이지요. 하지만 낮이 있으면 밤이 있고, 더운 날이 있으면 추운 날도 있듯이 햇살 활동이 늘 즐겁고 재미있는 것만은 아닙니다. 꼬맹이들과 씨름하는 것이 때로는 학교 수업보다도 힘들고 지칠 때가 있거든요. 제민이는 매달리는 아이들 때문에 멍이 든 적도 있다고 합니다.

"여기 오면 아이들이 자꾸 목에 매달려요. 자기들과 놀아 달라고 그러는 거죠. 아이들 마음은 알지만 한꺼번에 매달리면 사실 조금 힘들어요. 여기 오는 아이들이 초등학생들인데 장난치다가 사정없이 때릴 때도 한두 번이 아니에요. 그럼 완전 죽어나는 거죠. 히히."

매주 관악사회복지를 찾는 동네 꼬마 아이들은 대략 10여 명입니다. 초등학교 1학년부터 6학년까지 오는데, 토요일 학교 수업이 끝나는 대로 와서 햇살 친구들이 준비한 프로그램에 참여합니다. 모래 놀이나 밀가루 반죽 놀이, 모자이크 등 다양한 프로그램을 진행하지요.

그런데 매주 이렇게 다양한 프로그램을 어떻게 준비하냐고요? 모두 햇살 친구들의 머릿속에서 나옵니다. 공부하는 것만으로도 바쁘고 정신없을 듯한데 현지는 오히려 이런 프로그램을 만드는 게 즐겁습니다.

"프로그램은 햇살 친구들이 생각을 짜내서 만들어요. 대부분 어릴 때 한두 번이라도 해봤던 놀이들 중에서 아이디어를 짜내죠. 뭐, 오늘은 무슨 놀이할래? 이렇게 질문하면 서로 하나씩 꼭 이야기해야 하거든요. 하하하. 프로그램을 구상할 때 제일 중요한 건 우리도 꼬맹이들도 다 재미있어야 한다는 거예요. 애들을 위해서가 아니라 저희들도 재미있게 놀 수 있어야 하니까요."

지금까지 다양한 프로그램을 했지만 제민이에게 유독 기억에 남는 건 작년에 했던 프로그램입니다. 감자 가루를 가지고 놀이를 했을 때인데요. 감자 가루로 눈싸움 아닌 눈싸움이 벌어져서 사무실이 엉망이 되어 치우느라 아주 고생을 했답니다. 하지만 그때처럼 아이들이 행복해하는 걸 본 적이 없다는 제민이는 그날 잊을 수 없는 추억을 만들었습니다.

"그때 완전 난리가 났었죠. 사무실 전체가 하얗게 변했어요. 처음에 한두 명이 장난치다가 나중에는 모두 달려들었어요. 어쨌든 아이들도 신나고 우리들도 신나게 놀았어요. 그런데 놀 때는 좋았는데 나중에 치우느라 엄청 고생했어요. 그래도 그때가 제일 기억에 남아요."
말을 마친 제민이의 얼굴에는 여전히 미소가 남아 있습니다. 그때의 행복한 기억만큼 환하고 밝은 웃음입니다.

나는 나눔이 꼭 전염병 같다고 생각해. 왜냐하면 한 사람 두 사람이 시작하면 빠르게 퍼져 나가는 것 같거든. 내 여자 친구도 함께 봉사를 하면서 굉장히 재미있어하거든. 놀고 즐기면서도 정말 많은 걸 얻어 가는 것이 바로 봉사가 아닐까 싶어. 남을 돕는 일은 멀리 있는 게 아냐. 네 곁에 아주 가까이 있어. - 윤제민

나눔은 마치 초콜릿 같아. 나누는 동안은 정말 달콤하고 행복하거든. 그래서 햇살에서 하는 봉사도 나에게는 무지 행복한 일이야. 봉사라고 하면 힘들고 강제적인 느낌이 있잖아. 하지만 남을 돕는 일은 오히려 자기에게 훨씬 더 큰 행복과 기쁨을 주는 것 같아. - 김현지

시간을 채우기 위해 봉사하는 친구들에게

소정이가 햇살에 오게 된 계기는 좀 특별합니다. 친구와 사촌의 꾐에 빠져 햇살에 왔거든요. 다른 친구들은 소정이가 햇살에 올 수밖에 없는 운명이라며 농담을 하지만, 소정이는 약간 배신감마저 느끼는 사건이었습니다. 그 사건의 내막은 이렇습니다. 소정이를 햇살로 열심히 끌어들인 건 사촌과 절친한 친구였습니다. 그런데 지금 햇살에는 소정이만 남아 있습니다. 그 두 사람

은 이제 햇살에 잘 오지 않습니다. 한편으로는 햇살을 소개해 준 사촌과 친구가 고마우면서도 이제는 햇살에 오지 않아서 소정이는 아쉽기만 합니다.

"저랑 친한 친구가 하루는 햇살이란 곳이 있는데 한번 가보지 않겠냐고 했어요. 아이들을 돌보는 일이라고 해서 조금 망설이긴 했어요. 제가 아이들을 그렇게 좋아하는 편이 아니거든요. 그런데 그 무렵에 제 사촌이 햇살 이야기를 하는 거예요. 둘이서 날 꼬시자고 입을 맞춘 건지 알 수는 없지만요. 저도 봉사 시간이 필요해서 결국 햇살에 오기로 했어요."

소정이는 처음에 그저 봉사 시간을 채울 요량으로 햇살에 왔습니다. 그런데 한 번, 두 번 햇살에 와서 꼬맹이들을 만나는 횟수가 늘어날수록 봉사 시간은 소정이의 안중에서 멀어졌습니다. 어느덧 6개월이 지나고 1년이 훌쩍 지났습니다. 소정이가 채워야 하는 봉사 시간도 이미 넘어섰습니다. 하지만 소정이는 봉사 시간과 상관없이 매주 동네 꼬맹이들을 찾아옵니다. 아이들과 씨름하다 보면 눈물이 날 때도 있고 쥐어박고 싶을 때도 한두 번이 아닙니다. 그래도 소정이가 빠지지 않고 아이들을 만나러 오는 이유가 있습니다.

"애들이 진짜 극성스러워요. 헤헤. 한번은 운 적도 있어요. 초등학교 5학년이나 6학년 남자 아이들은 굉장히 짓궂거든요. 웬만한 남자들도 감당하기 힘든데, 그런 애들이랑 씨름하다 보면 진짜 눈물 나요. 그럴 때는 아이들이 정말 미워요. 그런데 이상하게도 집에 가면 싹 잊어버리고 다음 주 토요일에 어김없이 다시 여기로 온다니까요. 중독됐나? 하하하하.”

중독되었다면서 말꼬리를 돌리지만 소정이는 햇살 친구들을 돌봐주는 것이 아이들에게 얼마나 중요한지 잘 알고 있습니다. 부모가 맞벌이를 나가 학교에서 돌아오면 하루 종일 혼자 있어야 하는 아이들에게 언니와 오빠들이 얼마나 위안이 되는지 누구보다 잘 알기 때문입니다. 때로는 눈물 나게 만들지만 소정이는 매주 햇살에 오는 것이 좋습니다.

어떤 친구들은 소정이에게 “봉사 시간도 다 채웠는데 왜 자꾸 거기 가서 봉사해?” 하고 물어봅니다. 바보 같다는 눈빛을 보내는 친구들도 있습니다. 그럴 때 조금 속상하기도 해요. 하지만 그 친구들이 진짜 행복을 몰라서 그런 것이라고 이해할 수 있습니다.

“다른 사람을 돕는 것은 시간으로 환산할 문제가 아니거든요. 그런데 시간 운운하는 친구들을 보면, ‘쟤는 봉사하는 참 재미를 모르는구나’ 이렇게 생각해요. 사실 봉사하러 온다고 하지만 햇살에 와서 제가 더 재미있고 즐거운 마음으로 돌아갈 때가 많거든요.”

소정이는 고등학교 2학년입니다. 이제 곧 3학년이 되면 입시 준비를 하느라 햇살에 오기 힘들 것입니다. 그래도 짬이 날 때마다 햇살에 올 겁니다. 소정이는 봉사의 매력에 흠뻑 빠졌습니다.

나는 햇살에 오면 마음이 정말 편해. 사실 나도 처음에는 봉사나 남을 돕는 일에 대해서 잘 몰랐거든. 가끔 나보고 왜 봉사를 하냐고 묻는 친구들이 있어. 그 친구들은 봉사하는 진짜 재미를 몰라서 그런 질문을 하는 거야. 사람을 만나면서 소통하는 봉사가 얼마나 재미있는지 몰라. 너도 한번 해봐. 마치 작은 화분에서 새싹이 돋고 자라는 걸 볼 때처럼 아주 행복해질거야. – 김소정

열린 마음을 잊지 마

햇살 친구들과 한참 신나게 이야기를 나누고 있을 때 문이 열리더니 키가 훤칠하고 몸이 다부진 청년이 들어옵니다. 약간은 쑥스러운 듯 웃는 얼굴이 마치 하회탈 같습니다. 햇살의 큰형 재윤이입니다. 재윤이는 햇살 9기입니다. 지금은 고등학교 3학년이라 활동이 뜸하지만 시간이 나는 대로 햇살을 찾아오고 있죠. 재윤이는 중학교 2학년 때 처음 햇살을 알게 되었습니다. 농촌 봉사 활동을 하면서 햇살을 알게 된 뒤 햇살의 재미에 푹 빠져 허우적거리고 있죠. 햇살에 몸담은 지 벌써 4년째니 봉사에 대해 할 말이 많을 것 같습니다. 봉사가 무엇이냐고 묻자 멋진 대답이 흘러나옵니다.

"봉사는 박카스가 아닐까요? 있잖아요. 왜 피곤하다가도 그거 한 병 마시면 기운이 막 나는 것 같잖아요. 저는 봉사가 그런 거라고 생각해요. 우울하고 힘들고 짜증 나다가도 햇살에 오면 정말 기분이 좋아지거든요."

재윤이는 봉사가 자양강장제 같다고 합니다. 하지만 봉사가 처

음부터 그랬던 건 아니라고 합니다. 처음에는 인내심이 필요하지만, 어느 순간 "봉사하는 게 바로 이 맛이야" 하는 때가 온다고 합니다. 재윤이는 얼마 전 빼빼로데이 때 바로 그 기분을 느꼈다고 하네요.

"빼빼로데이 때 아이들과 부모님께 빼빼로 선물을 드리는 프로그램을 진행했어요. 아이들과 포장도 하고 부모님께 편지도 썼어요. 다 마치고 뒷정리를 하는데 한 녀석이 저한테 오더니 불쑥 빼빼로를 내밀더라구요. 갑자기 가슴이 뜨듯해지면서, 봉사하는 맛이 이런 거로구나 하는 생각이 들었죠."

봉사의 기쁨을 느낀 친구들은 삶이 달라진다고 재윤이는 말합니다. 한 번이라도 마음에서 우러나는 봉사를 해본 아이들은 주위에 도울 일이 없는지 눈을 번뜩이고 다닌다고 합니다. 지하철이나 버스에서 자리를 양보할 줄 아는 청소년들은 모두 '진짜 봉사를 해본 친구들'이라면서 목소리를 높입니다. 재윤이는 봉사하는 친구들에게 한 가지 부탁을 하고 싶다고 합니다. 봉사할 때 잊지 말아야 할 것이 있다면서······.

"봉사하는 친구들이 항상 열린 마음을 가졌으면 좋겠어요. 봉사를 하다 보면 한 번씩 고비가 오는 것 같아요. 인내심이 필요한 순간이죠. 그 이유는 봉사하는 대상을 이해하지 못해서거든요. 그때 열린 마음이 필요해요. 편견이나 특별한 판단이 아니라 있는 그대로 대상을 받아들이는 것이 정말 필요해요."

나는 봉사는 박카스라고 생각해. 쓸데없이 시간 낭비한다고 생각하지 말고 인내심을 가지고 꾸준히 봉사를 해봐. 그럼 딱 보람을 느끼는 순간이 올 거야. 그 이후로는 재미가 붙어서 봉사를 안 하면 몸이 근질근질할걸! –박재윤

의무보다 마음

은택이가 햇살에 오는 이유는 다른 친구들과는 조금 다릅니다. 아이들을 만나는 것이 재미있는 것도 사실이지만, 무엇보다 밥이 맛있어 온다고 합니다. 은택이의 농담 섞인 말에 다른 친구들이 장난기 가득한 야유를 보냅니다. 어쩌면 은택이의 고백은 사실일지도 모릅니다. 다른 친구들도 모두 햇살의 밥맛이 끝내 준다며 인정했으니까요. 거창한 이유보다는 '밥'을 선택한 은택이에게는 아주 특별한 경험이 있습니다.

"중학교 때 일인데요. 그때는 햇살을 안 나올 때였죠. 동사무소에서 시간을 채우려고 봉사를 한 적이 있어요. 동사무소에 가니까 커다란 쓰레기봉투를 주더라고요. 아마 50리터쯤 되는 쓰레기봉투를 채우는 거였어요. 처음에는 정말 열심히 쓰레기를 주웠어요. 한여름이었는데 한참 쓰레기를 줍고 있으니까 정말 짜증이 나더라고요. 또 내가 왜 이 일을 해야 하는지도 모르겠고요. 그런데 길에 쓰레기가 꽉 차 있는 작은 쓰레기봉투가 있는 거예요. '에라, 모르겠다' 하고 그 작은 쓰레기봉투를 제 봉투에 넣어 버렸어요. 그리고 남는 시간에 PC방에 가서 놀았어요."

은택이는 이야기를 하면서 살짝 부끄러워합니다. 자랑스러운 기

억은 아니겠지요. 하지만 그런 경험이 있었기에 지금 햇살에서 하는 봉사가 더욱 의미 있습니다. 햇살의 막내 유진이도 친구들에게 그런 비슷한 이야기를 많이 들었다고 합니다. 아무래도 의무로 하는 봉사이다 보니 생기는 폐해겠지요.

"제 친구가 그러는데 동사무소에 가면 늘 50리터짜리 쓰레기봉투를 채우라고 한대요. 정말 죽을 맛이래요. 진짜 즐거운 마음으로 쓰레기 줍는 애는 1백 명 중 한 명도 없을 거라면서 막 투덜댔어요. 제 친구도 가득 찬 쓰레기봉투를 자기 봉투에 넣었다고 하더라고요. 그렇게 하는 건 봉사가 아니잖아요."

유진이는 이런 문제가 생기는 이유가 의무적으로 시간을 정해 놓았기 때문이라고 생각합니다. 자기가 하고 싶은 봉사를 마음에서 우러나와서 해야 하는데 말이죠. 봉사의 기쁨을 제대로 느껴 보지 못한 친구들이 시간 채우기에 급급한 건 어쩌면 당연한 일입니다. 은택이 역시 누구보다 그 사실을 잘 압니다. 그래서 햇살에 나올 때면 항상 마음을 가다듬습니다.

원래 햇살은 고등학생만으로 이루어진 모임이었습니다. 하지만 몇몇 중학생들이 햇살에 참여하면서 햇살은 문을 조금 더 개방했습니다. 유진이는 지금 햇살의 막내지만, 이제 이곳에서 고등학생이 될 겁니다. 진짜 봉사하는 기쁨을 배우면서요.

시간에 얽매이지 마. 자유롭게 봉사하라고. 공부와 스트레스에 시달리는 너에게 큰 자기만족을 줄 테니까. 네가 생각을 바꾸는 순간, 봉사의 길이 열릴 거야. ─임은택

나는 나눔이 중독이 아닌가 싶어. 한번 시작하면 끝을 내기가 어려운…… 히히. 어쨌든 네가 하고 싶은 봉사가 무언지 찾아보렴. ─장유진

고마워, 배려를 배웠어

"성격이 완전히 바뀌었어요."

커다란 눈망울이 매력인 유나가 처음 꺼낸 이야기입니다. 유나는 원래 아주 내성적이었다고 합니다. 처음 보는 사람들한테는 말도 쉽게 못 붙였다고 해요. 낯선 사람과 이야기를 하면 얼굴이 빨개지곤 했대요. 지금 유나의 성격은 많이 달라졌습니다. 전보다 훨씬 명랑해졌거든요. 유나 혼자만의 생각이 아닙니다. 부모님과 주위 친구들도 그런 이야기를 많이 합니다. 유나가 이렇게 성격이 바뀐 건 모두 햇살 덕분입니다. 유나는 햇살 활동 덕분에 명랑하고 긍정적인 성격으로 바뀌었다고 말합니다.

"햇살에서 주로 하는 활동이 사람을 만나는 일이잖아요. 그렇다 보니까 어쩔 수 없이 사람들을 대하는 연습을 하게 되는 것 같아요. 또 봉사만 하는 게 아니라 가끔씩 청소년 자원봉사를 준비하는 친구들을 위해서 교육도 하거든요. 그러니까 자연스럽게 남들 앞에서 발표할 기회도 많고……. 아마 그런 경험이 쌓이면서 어느새 제 성격이 바뀐 거 같아요."

유나는 햇살 활동을 시작한 지 1년이 조금 넘었습니다. 유나에게 달라진 점이 또 있어요. 바로 다른 사람을 많이 생각하게 되었다는 점이죠. 다양한 아이들을 만나면서 유나는 어떤 행동이

나 말을 하기 앞서 '이 얘기를 해도 될까?', '이 행동이 저 아이에게 상처가 되진 않을까?' 이런 생각을 하면서 많이 조심하게 된다고 합니다. 상대방을 배려하는 법을 배운 것입니다.

매주 만나는 꼬마 녀석들 덕분에 배려를 배웠습니다. 햇살 친구들이 주말마다 만나는 친구들은 모두 사연이 있어요. 유나는 아이들을 만나면서 이 세상에 모든 아이들이 자신처럼 편하고 행복하지 않다는 걸 알게 되었어요. 유나는 상대방을 배려하는 일이 더 필요하다고 말합니다.

"세상에는 상처받은 아이들이 정말 많은 것 같아요. 그 아이들을 특별하게 대해서가 아니라 제대로 대화하기 위해서는 배려하는 자세가 필요해요. 그걸 햇살에서 배웠어요."

처음에 햇살 활동을 권유했던 엄마마저도 "이제 적당히 활동하고 공부하라"는 잔소리가 늘었다고 합니다. 이제 유나도 곧 고등학교 3학년이 되기 때문입니다. 이제 입시 준비에 바빠지겠지만 유나 역시 햇살 활동을 그만둘 생각이 없습니다. 햇살이야말로 지금까지 삶에서 가장 큰 행복과 배움을 안겨 준 곳이기 때문입니다.

봉사할 수 있는 영역은 굉장히 다양한데 그걸 잘 모르는 것 같아. 봉사 시간 채울 생각만 하고 있는 친구들은 아마 적성에 맞는 봉사를 못 찾았기 때문일 거야. 적성에 맞는 봉사를 찾아서 참여하다 보면 '진짜 보람'을 맛볼 수 있을 거야. - 추유나

우리가 사는 곳은 관악구 신림동이라는 동네 **우리 동네**
입니다. 신문에 서울의 마지막 달동네라고 크게 와
실린 적도 있지만, 우리에게는 그냥 '우리 동네' **우리 햇살**
일 뿐입니다. 우리 동네에서 태어나서 지금까지
살고 있습니다. 그게 전부입니다. '햇살'도 우리 동네에 살고 있
는 청소년들의 모임입니다. 특별한 점은 우리 동네 어린이와 함
께 살아가는 것이랍니다.

햇살은 매주 토요일이면 '햇살학교' 준비로 정신이 없습니다.
햇살학교는 청소년들이 운영하는 주말 공부방입니다. 평일에는
학원이나 공부방 등 갈 곳이 있지만, 토요일은 학원과 공부방이
쉬어서 아이들이 갈 곳이 없어 너무 심심해합니다. 그래서 햇살
이 고민 끝에 만든 곳이죠. 돌봄이 필요한 동생들에게 재미나고
안전하게 놀 수 있는 토요일을 선물하기 위해서입니다. 청소년
이 스스로 자신이 살고 있는 동네와 동생들을 위해 일합니다. 그
래서 햇살학교는 선생님도 없고 자원 교사도 없습니다. 그냥 잘
노는 형과 친언니 같은 언니가 있고, 말썽 피워서 얄미운 동생이
있고, 같은 동네 사는 친구들이 있는 곳입니다. 커다란 이름표
달고 한 줄로 서서 나들이 가는 것이 아니라 형과 언니의 손을
잡고 가족 나들이를 갑니다. 자원봉사의 의미를 넘어서 이제는
우리가 사는 동네를 위해 일하고 동네의 새로운 가족을 만들어
가고 있습니다.

청소년도 아닌 저는 햇살학교에서 무슨 일을 하냐고요? 저도

햇살학교에서는 그냥 동네 언니입니다. 사실은 점점 이모라고 부르는 아이들이 늘어날까 봐 걱정하는 노땅 햇살이죠. 지금 활동하는 친구들이 햇살 10기입니다. 저는 그보다 앞선 햇살 3기랍니다.

제가 햇살에 들어오게 된 이야기를 할게요. 중학교 시절에 학교에서 정해 준 봉사 시간을 채우기 위해서 관악산공원에서 휴지도 줍고, 동사무소에서 잔심부름도 하고, 우체국에서 청소도 했어요. 그런데 너무 재미가 없었어요. 그래서 청소년 자원봉사 동아리가 있다는 소식을 듣고 관악사회복지를 찾아갔습니다. 그래서 햇살 3기가 되었습니다.

제가 햇살에 들어갔을 때 푸드뱅크 먹거리 배달 활동을 했어요. 거동이 불편하신 어르신께 일주일에 한 번 기부받은 먹을거리를 배달하는 일이었어요. 장바구니에 맛난 음식을 담아 가지고 한 할머니를 찾아갔습니다. 그런데 할머니가 낯설고 어색해서 바구니만 드리고 돌아섰습니다.

하지만 한 달, 반 년, 일 년, 삼 년 정도 지나자 저도 자연스레 변하게 되었어요. 누가 시키거나 의식하지 않아도 그렇게 되었어요. 처음에는 문 앞에 바구니를 놓고 도망치듯 나왔어요. 다음번에는 문 열고 인사를 드렸고, 그 다음번에는 방에 들어갔어요. 나중에는 할머니랑 방에서 낮잠도 자고 텔레비전도 보고 점심도 함께 먹는 사이가 되었어요. 전라도에 계시는 친할머니가 서운해하실 정도로 친해졌답니다. 같은 동네에 사는 우리 할머니와

손녀가 된 거죠.

그래서 저는 새로운 결심을 했습니다. 살고 있는 지역에서 새로운 가족을 만들고 보람을 만들어 가기 위해 사회복지를 공부해 보기로 했습니다. 그래서 대학에서 사회복지학과를 지원했습니다. 시간이 흘러 4학년이 되어 취업을 걱정하고 있을 때 관악사회복지 선생님이 만나자고 하시는 거예요. 저에게 또 다른 가족을 만들어 주신다고 유혹하셨어요. 햇살 후배들과 동네 꼬맹이들과 가족을 만들어 가는 햇살 활동을 지원하는 실무자 일이었습니다. 저는 흔쾌히 하겠다고 했습니다. 햇살 후배들을 만나는 것이 설레었고, 동네 꼬마들을 만나는 일도 함께하고 싶었습니다. 지금은 햇살학교에서 3년째 일하고 있습니다.

하지만 늘 햇살과 햇살학교 꼬맹이들과 행복하기만 한 것은 아니에요. 늘 서로 의논하고 조율해서 햇살학교를 잘 운영하고 있지만, 가끔 철없는 행동으로 저를 당황하게 만드는 일도 많아요. 꼬맹이들이 뛰어놀다가 다쳐서 깜짝 놀라기도 하고, 마음이 아픈 친구들 때문에 자주 울기도 합니다.

그래도 제가 아직 햇살학교 왕언니로 있는 이유는 햇살을 믿기 때문입니다. 저는 청소년을 믿습니다. 청소년이라고 해서 마냥 어리고 철없는 것은 아닙니다. 제가 청소년일 때 햇살에 들어와 성장했습니다. 햇살 친구들은 여느 어른들보다 꼬맹이들을 더 사랑하고 그 마음을 전달하는 방법을 알고 있습니다. 스스로 결정하고 책임질 줄 아는 성숙한 청소년이기 때문입니다. 무한

한 가능성을 가진 청소년이기 때문에 믿고 함께 하고 있습니다.

햇살학교의 왕언니 자리는 다른 사람에게 양보할 수 없습니다. 하지만 햇살 후배가 달라고 하면 그때는 행복하게 넘겨주고 싶습니다. 그것이 제 꿈입니다. 햇살학교 꼬맹이가 자라서 햇살학교를 운영하는 햇살이 되고, 햇살이 자라서 저를 이어서 왕언니가 되고, 왕언니였던 저는 왕이모가 되고 왕할머니가 되고 싶습니다.

그리고 또 한 가지 꿈은 햇살이 얼마나 귀중한 경험들을 만들어 가고 있는지, 얼마나 가치 있는 일을 하고 있는지 알고 행복하게 햇살 활동을 했으면 좋겠습니다. 힘들고 지칠 때도 있지만 서로 다독이고 우리 활동의 의미를 되돌아보며 오래오래 햇살 선후배로, 동생과 언니로 인연을 이어 가면 좋겠습니다.

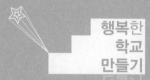

행복한
학교
만들기

학생이 주인인 학교를 만드는 윤지

"꼭 그렇게 해야만 했던 게냐?"

교장 선생님의 표정이 싸늘하기만 합니다. 원래 엄격하신 분이지만 이번에는 조금 심각합니다. 선생님은 책상 위에 놓인 서류를 가만히 바라봅니다. '후문 개방을 위해 서명해 주세요.' 교장선생님은 쌓인 서류들을 몇 장 들춰 봅니다. 학생들의 이름, 학년, 반, 휴대 전화 번호 등이 칸칸마다 빼곡히 적혀 있습니다. 교장 선생님은 불편한 헛기침을 내뱉습니다. 그러고는 고개를 획 돌려 버립니다. 윤지 17세 는 용기를 내어 입을 엽니다.

"선생님, 이번에 참여한 학생들이 8백 명 정도예요. 꼭 들어주셨으면 좋겠습니다."

윤지의 목소리는 자꾸만 떨립니다. 윤지는 심호흡을 크게 한 번하고는 계속 말을 잇습니다.

"매점이 언제 문을 열지 모르는 상황에서 후문을 개방해 주시는게 시급한 상황이라고 생각……."

윤
지

215

하지만 윤지의 말이 채 끝나기도 전에 교장 선생님의 목소리가 높아집니다.

"선생님들도 그걸 모르는 게 아니라고! 그렇다고 꼭 서명운동을 해야만 했냐는 말이야. 먼저 선생님들한테 부탁하고 의논을 드려야지, 학생들을 동원해서 왜 서명운동을 했냐는 얘기야. 학생 회장이라는 녀석이……. 알았으니, 그만 나가 봐라!"

윤지도 이런 상황을 어느 정도 예측하긴 했습니다. 서명을 받기 위해 서류를 들고 다닐 때부터 몇몇 선생님들한테 핀잔도 들었습니다. 하지만 막상 이런 상황에 닥치고 보니 너무 속이 상합니다. 윤지는 자꾸만 눈물이 나오려는 것을 꾹 참고 교장실을 나왔습니다. 무엇보다 서명에 참여한 학생들에게 미안했습니다. 학생들의 의견이 묵살되는 현실이 답답하기도 했고요. 윤지는 복도를 걷다 말고 창문 밖 운동장을 바라봅니다. 그리고는 나지막이 읊조립니다. "그래도 학교는 학생이 주인이야……."

청소년이 주인이다

그 일이 있은 지 어느덧 1년이 더 지났습니다. 중학교 3학년 때, 그러니까 윤지가 학생회장을 할 때 일이죠. 학교에서 매점을 운영하던 주인이 매점 문을 닫았습니다. 그리고 한동안 매점을 운영할 사람이 나서지 않았습니다. 처음엔 학생들도 이해를 했습니다. 학교에서도 어쩔 수 없는 일이니까요. 하지만 몇 달이 지나자 문제가 심각해졌습니다. 학생들이 담을 넘기 시작한 겁니

다. 간식도 그렇지만, 급하게 필요한 문구를 살 곳이 없었거든
요. 학교에 등교하고 나면 교문 밖으로 나가지 못하기 때문이죠.
그래서 학생들의 담 넘기가 일상이 되어 가고 있었습니다. 그러
다 보니 수많은 학생들이 불가피하게 교칙을 어기게 되었고요.
학생회장인 윤지는 이런 상황을 더 지켜볼 수만은 없었습니다.
그래서 윤지가 선택한 방법이 서명운동이었습니다. 서명운동을
통해 학생들의 목소리를 모으고 싶었습니다. 전에는 이렇게 학
생들이 적극적으로 의견을 표명해 본 적이 없기 때문에 좋은 기
회가 될 것 같았습니다.

서명운동의 취지는 매점 영업이 가능할 때까지 후문을 개방해
학생들이 자유롭게 드나들도록 하자는 것이었습니다. 선생님들
에게 학생들의 절실한 요구와 상황을 알리는 데 서명운동보다
적절한 방법은 없는 것 같았습니다. 학생들의 반응은 생각보다
뜨거웠습니다. 전교생 1천2백 명 중 8백 명이 넘는 학생이 서명
에 참여했습니다. 학생들은 학년과 반, 이름 옆에 "화이팅!"이나
"후문 개방해 주세요!" 같은 문구를 써 넣기도 했습니다. 학생들
이 학교의 문제에 대해 목소리를 내기 시작한 것입니다. 윤지는
서명운동을 진행하면서 쾌재를 불렀습니다. 하지만 기쁨은 잠시
였습니다. 서명운동에 참여한 학생들의 의견은 무시당했습니다.
학생들의 의견은 교직원 회의에서 묵살당했습니다. 윤지는 한숨
을 내쉬었습니다. 후문을 개방하자는 학생들의 의견이 받아들여
지지 않은 것도 슬펐지만, 정말 윤지를 속상하게 한 이유는 다른

데 있었습니다. 바로 학생들의 문제를 해결하는 의사결정 구조에서 학생들이 주체가 될 수 없다는 사실이었습니다. 윤지는 학교 안에서 일어나는 학생들의 문제를 결정하는 데 당사자인 학생들의 의견이 반영될 수 없다는 사실을 받아들이기가 힘들었습니다. 왜 학생들의 문제를 해결할 때 당사자의 의견이 반영되지 않는 것일까? 이 사건은 윤지의 가슴을 크게 흔들어 놓았습니다. 알고 보니 선생님들은 대부분 후문을 개방하면 학생들이 일탈할 것이라는 의견을 냈다고 합니다.

"저는 후문 개방 문제가 교직원 회의에서 논의된다는 이야기를 들었을 때 안 될 것 같다고 생각했어요. 하지만 그보다 더 화가 났던 건 왜 우리의 문제를 선생님들이 결정하는가였어요. 왜 교직원 회의에서 학생들의 불편함을 개선할까요? 이런 경우는 우리 학교에서만 일어나는 일은 아닐 거예요. 어쩌면 이 사건은 지금 청소년들이 학교에서 당하는 처우를 상징하는 하나의 사건일 뿐이에요."

중학교에 매점이 다시 운영되기 시작한 건 얼마 전이라고 합니다. 그러니까 윤지가 졸업한 뒤에야 결국 해결된 것이죠. 그동안 학생들은 내내 담을 넘어야만 했고요. 그 사건 이후 윤지는 더 많은 생각을 하게 되었습니다. 학교의 주인은 학생이라는 믿음이 더 확고해졌다고나 할까요. 윤지는 자신만의 방식으로 목소리를 내기로 마음먹었습니다.

기회는 뜻하지 않게 찾아왔습니다. 윤지에게 학생회 사례 발표를 할 기회가 생겼습니다. 하지만 처음부터 사례 발표를 하기로 마음먹은 건 아니었습니다. 오히려 윤지의 구미를 당기게 한 건 다른 이유 때문이었습니다. 학생회 사례를 발표하면 학생들에게 나눠 줄 배지를 기념품으로 준다고 했습니다. 배지에는 원하는 문구를 넣을 수도 있고요. 윤지는 전교생에게 배지를 나눠 줄 생각으로 열심히 발표 준비를 했습니다.

얼마 후 등교하는 학생들의 가슴에 배지가 하나씩 달려 있었습니다. 바로 윤지가 학생들에게 나눠 준 배지였지요. 배지에는 '청소년이 주인이다'라는 문구가 박혀 있었습니다. 마침 그날은 11월 3일 학생의 날이었습니다. 윤지는 그때를 이렇게 기억합니다.

"후문 개방 사건 이후로 생각이 많았어요. 학교의 주인은 학생인데 어른들도 학생들도 이 사실을 인식하지 못하는 것 같았어요. 선생님들은 더더욱 그렇고요. 그래서 학생의 날을 기념해서 이 배지를 나눠 주면 좋겠다고 생각했죠. 나름대로는 의식을 전환하려고 한 것이고, 학교 안에서 저항을 한 것이기도 했어요."

윤지는 '청소년이 주인이다'라는 말을 참 좋아합니다. 그냥 상징적이어서가 아니라 당연한 사실이기 때문입니다. 윤지의 생각은 지금도 변하지 않았습니다. 어쩌면 고등학생이 된 지금은 그 생각이 더욱 또렷해진 것 같기도 합니다. 학생회 임원으로 활동하고 있는 윤지는 고등학교에서는 학생들이 활동하기가 더욱 어려운 것 같다고 토로합니다. 아무래도 입시 위주의 교육 때문이죠.

윤지는 1학년 급식 대표를 맡고 있습니다. 한 달에 한 번 열리는 회의에 1학년 대표로 참석해 급식 문제에 대해 논의합니다. 회의에는 급식 업체와 학부모 대표, 선생님, 각 학년 대표들이 참석합니다. 처지가 다양한 어른들과 함께 하는 회의에서 학생들의 목소리를 대변하기가 쉽지 않습니다. 하지만 윤지는 급식에 대한 학생들의 의견을 수렴하는 데 많은 노력을 기울이고 있습니다. 누구보다 학생들의 의견을 반영하는 일의 중요성을 잘 알기 때문입니다.

"학생들의 의견을 대변하라고 대표를 뽑는 거잖아요. 그러니까 그 역할이 중요하다고 생각해요. 내가 친구들의 소리통이 되어서 용기 있게 의견을 표명해야 하는 거죠. 그러니까 학생회장이었을 때나 급식 대표로 활동하는 지금이나 그 중요성은 똑같다고 생각해요."

학생이 주인이 되는 학교를 꿈꾸며

윤지가 갑자기 가방을 뒤적이며 바쁘게 무언가를 찾습니다. 그러더니 서류 한 뭉치를 내놓습니다. 거기에는 각종 홍보물과 회의 자료 등이 뒤섞여 있습니다. 한동안 서류들을 훑더니 그중 절반을 추려서 앞으로 쑥 내밉니다. 모두 윤지가 기획하고 진행한 축제에 관한 서류들입니다. 1, 2년 전 문서들을 차곡차곡 모아놓은 것입니다. 윤지의 꼼꼼한 성격이 돋보이는 순간입니다. 윤지는 축제를 설명하기에 앞서 서류들을 보여 주었습니다.

윤지는 중학교 시절 2년 동안 학교 축제를 기획하고 진행하는 일을 맡았습니다. 전교 부회장, 전교 회장을 맡았기 때문이기도 했지만, 윤지는 그 일이 좋았습니다. 학교 축제를 진행한 것이 뭐 그리 대단하냐고 할 사람이 있을지도 모르겠네요. 하지만 그 축제는 특별했습니다. 바로 학생들이 주체가 되어 준비한 축제였기 때문입니다.

그 특별한 축제는 바로 '벽오동축제'입니다. 윤지의 중학교 교목인 벽오동나무에서 이름을 따왔죠. 벽오동축제는 해마다 10월 말에 열립니다. 벽오동축제의 가장 큰 특징은 학생들 스스로 준비하고 즐기는 축제라는 점입니다. 대부분의 학교에서 축제를 열죠. 하지만 학생들이 구경하는 축제로 그치는 경우가 많습니다. 그에 비해 벽오동축제는 학생들이 함께 만들고 즐기는 축제입니다. 맨 먼저 학생들이 '축제추진위원회'를 꾸리는 것으로 축제 준비에 들어갑니다.

축제추진위원회는 축제를 준비하는 모임입니다. 물론 학생들로만 구성되어 있지요. 추진위원회의 학생들은 포스터 제작부터 준비와 진행, 그 밖에 축제와 관련된 모든 일을 담당합니다. 모두 학생들의 손으로 축제를 진행하는 것이죠. 추진위원회에 참여하지 않은 학생들도 축제에서 저마다 할 일이 있습니다. 바로 학급 이벤트에 참여하는 것입니다. 각 학급마다 간식거리를 만들거나 타로 점을 보거나 미용실을 운영하는 등 다양한 프로그램을 진행합니다. 또 축제 당일 저녁에 열리는 무대 공연을 위해 많은 학생들이 밴드나 댄스, 수화 찬양 등 여러 가지를 준비합니다. 학생들은 이날 공연을 위해 무려 서너 달 이상 준비를 한다고 합니다. 학생들이 주체가 되어 즐기는 이러한 축제의 배경에는 윤지의 간절한 바람이 담겨 있습니다.

"학생들이 스스로 준비하고 즐기는 축제는 굉장히 큰 의미가 있어요. 사실 학생들은 학교에 가는 것을 그렇게 좋아하지 않아요. 하지만 원래 학교는 학생들이 가고 싶은 곳이어야 하잖아요. 학교가 오로지 지식을 주입하는 공간은 아닌데…… 대부분의 학교에서는 축제조차도 선생님들이나 학부모들이 만들어 놓고 학생들은 그냥 수동적으로 참여할 수밖에 없어요. 하지만 축제에서조차 학생들이 나설 수 없다면 어느 부분에서 나설 수 있을까요? 진짜 학생들의 축제를 만드는 것도 학생들의 자치를 실현하는 매우 중요한 부분이라고 생각해요."

그러나 '진짜 학생들의 축제'는 결코 쉽지 않았습니다. 넘어야 할 산이 많이 있었죠. 윤지는 특히 '보호'라는 이름으로 압력(?)을 행사하는 선생님들과의 신경전이 가장 힘들었습니다. 벽오동 축제는 오전에 학교에서 부대 행사를 하고 저녁에 무대 공연을 하는데, 저녁 공연이 문제였습니다. 교장 선생님은 '안전'을 이유로 시간을 앞당기라고 여러 차례 압력을 넣기도 했습니다. 윤지는 그런 압력이 가장 힘든 일 중 하나였다고 털어놓습니다. 교사와 어른의 권위를 가지고 대화를 하기 때문에 학생들의 의견

은 제 목소리를 내기가 어렵습니다. 이따금 훈계도 들어야 하니,
동등한 처지에서 의견을 나누는 자리라고 하기는 힘들죠.

그렇지만 그런 어려움 속에서도 윤지는 끝까지 소신을 굽히지
않았습니다. "선생님, 저희는 저녁에 두 시간 동안 축제를 해야
겠습니다" 하며 끝까지 학생들의 의견을 고수했던 윤지. 어린 모
습 어디에서 그런 고집과 배짱이 나오냐고 묻자, 쑥스러운 듯 머
리를 긁적이며 말합니다.

"학생들이 주인이 되는 학교를 만들고 싶었을 뿐이에요. 어른들
에게 이리저리 끌려 다니는 학교가 아니라 학생들이 진짜 주인
인, 가고 싶은 학교를 만드는 게 꿈이었거든요."

윤지는 말을 마치고 잠깐 하늘을 올려다봅니다. 유리창 밖 하늘
위로 하얀 구름 한 점이 둥실 흘러갑니다.

영어 몰입 교육

학생들이 행복한 학교를 꿈꾸는 윤지에게 요즘 마음에 안 드는
게 한두 가지가 아닙니다. 바로 영어 몰입 교육과 학교 자율화
때문입니다. 물론 이전에도 어른들이 학생들을 생각해 준 적은
없지만 그래도 이건 정말 아니다 싶습니다. 윤지는 영어 몰입 교
육은 정말 문제가 있다고 생각합니다. 영어가 중요한 건 인정하
지만 그렇다고 학교에서 영어로 수업을 해야 한다는 발상은 이
해하기 힘듭니다. 윤지의 목소리가 한 옥타브 높아집니다.

"학교가 학원은 아니잖아요. 영어 몰입 교육은 학교를 학생들이

성장하는 공간으로 보는 것이 아니라 그냥 지식을 주입하는 곳 정도로 생각하니까 나올 수 있는 발상 아닐까요?"

윤지는 학교 자율화에 대해서도 화가 납니다. 학교 자율화를 쉽게 풀이하면, "학교 안에서 학생들의 의사는 전혀 고려하지 않고 학교장 마음대로 해도 좋다"는 얘기 아니냐고 성토합니다. 윤지의 얼굴이 발그레해집니다.

"학교 자율화가 시행되면 어느 학교가 보충 수업을 안 하겠어요? 야간 자율 학습도 당연히 하겠죠. 학교 성적 올리려고 학생들을 닦달할 거예요. 야간 자율 학습이나 보충 수업 안 한다고 사교육이 없어지는 거도 아니에요. 학원은 야간 자율 학습이 끝나는 시간부터 시작이니까요. 그럼 학생들은 밤 11시도 모자라 12시나 새벽 1시가 되어서야 공부를 끝내고 잠을 잘 수 있다는 건데…… 이건 정말 말이 안 되잖아요."

윤지는 어른들이 학생들을 인격적인 주체로 바라보지 않는 것이 가장 큰 문제라고 생각합니다. 만약 학생들을 엄연한 주체로 생각했다면, 영어 몰입 교육과 학교 자율화 같은 이야기는 나오지도 않았을 거라고 합니다. 또한 윤지는 학생이 주인인 학교를 만들기 위해서는 학생들뿐만 아니라 어른들도 변화해야 한다고 말합니다. 학생들은 아직 어려서 생각이 짧고 미숙한 존재라고 여기는 어른들의 태도가 바뀌어야 한다고 강조합니다. 특히 중학생들의 경우는 더 심각하다고 합니다.

"어른들은 나이가 어리다는 이유로 청소년들을 아무 생각이 없

학교강당

기호 O 윤 지

청소년이

주인이다

?

는 존재로 치부해 버려요. 고등학생도 그렇게 생각하니 중학생은 더하죠. 이중 삼중으로 차별을 받고 있다고 생각하면 될 거에요. 완전히 어린아이 취급하기 일쑤고요. 청소년들의 생각이나 행동은 전혀 존중하지 않아요."

실제로 어른들이 생각하는 것보다 청소년들은 훨씬 온전한 인격체라고 윤지는 생각합니다. 어른들도 학생들이 자기 생각과 능력을 표현하는 모습을 자주 볼 수 있으면 조금 달라질 거라고 확신합니다. 그렇지만 무엇보다 어른들 스스로 변하려고 노력하지 않으면 힘들 거라고 윤지는 덧붙입니다.

'21세기청소년공동체 희망'을 경험하자

씩씩하고 당찬 윤지도 때로는 학교를 다니는 것이 힘들다고 합니다. 가끔은 학교를 떠나고 싶기도 하고요. 힘들게 어른들과 부딪히면서 굳이 학교를 다녀야 하는지 의문이 들 때도 있다고 합니다. 그렇지만 윤지가 확신하는 게 하나 있습니다. 학교를 떠날 권리가 있는 것처럼 학교를 지킬 권리 역시 학생들에게 있다는 사실입니다.

윤지가 처음부터 이런 생각을 한 건 아닙니다. 윤지는 더없이 내성적이고 숫기 없는 학생이었죠. 윤지가 지금처럼 변하게 된 계기는 바로 '21세기청소년공동체 희망 | http://www.heemang21.net | '을 만나면서부터입니다. 청소년들의 주체적인 활동을 육성하는 모임인 '희망'에서는 문화, 역사, 성, 인권 등 다양한 분야에서

활동을 합니다.

윤지는 희망 활동 중에서도 특히 '학생회 활력 프로젝트'라는 모임에 참여했습니다. 물론 처음에는 어색했지만 한 번 두 번 모임에 나가면서 윤지는 '언젠가는 나도 적극적으로 이 모임의 주축이 되어야지' 하는 생각을 했다고 합니다. 그러던 어느 날 윤지는 용기를 내었습니다. 운영진을 모집한다는 공고에 바로 신청을 했습니다. 한 걸음 더 나아간 것입니다. 그 이후로 윤지는 모임의 주축이 되어 활동하고 있습니다. 그래서 윤지는 요즘 주말이면 눈코 뜰 새 없이 바쁘다고 합니다. 학교 학생회 활동하랴, 희망 활동하랴, 거기다 좋아하는 댄스 동아리 활동까지 하고 나면 어느새 해가 저문다고 하네요. 윤지는 이렇게 바빠도 즐겁기만 합니다. 윤지는 더 많은 학생들이 이렇게 바쁘고 즐거운 생활을 했으면 좋겠다고 말합니다.

"모든 학생들이 변할 수 있다고 생각해요. 소극적이고 자기주장을 하지 못하는 모든 친구들이 변할 수 있어요. 꼭 그래야 한다는 건 아니지만, 저는 그런 친구들의 내면에도 주장하고 참여하고 싶은 욕구가 있다고 생각하거든요. 특히 자기주장을 하는 것도 기회가 있어야 익숙해지는 것 같아요. 학교 안에서 학생들이 발언하고 참여할 기회가 많아진다면 정말 많이 변할 거예요."

그런 의미에서 윤지는 학교 자치 활동이 더 활발해져야 한다고 덧붙입니다. 축제뿐 아니라 다양한 동아리 활동 역시 청소년들이 주도적으로 나설 수 있는 계기가 될 거라고 합니다. 윤지는 요즘 학교에는 학생들이 자기를 표현하고 활동할 수 있는 공간이 전혀 없다고 생각합니다. 입시와 관계없는 활동들은 하나둘씩 학교에서 사라지고 있기 때문입니다. 윤지는 학교에서 동아리 활동을 살려야 한다고 말합니다. 비록 학교에서 이런저런 이유들로 막더라도 말이죠.

윤지는 가끔 힘들 때면 떠올리는 말이 있습니다. 바로 "바람을 두려워 마라. 연은 바람을 타고 거슬러 올라간다"라는 말입니다. 학교생활을 하다 보면 힘들 때가 많습니다. 그렇지만 그런 경험들이 결국 자신을 성장시키는 기회라는 걸 알기 때문에 다시 한번 힘을 내곤 합니다.

윤지는 이야기를 마치고는 시계를 들여다봅니다. 오랜만에 친구들과 가까운 바다를 보러 가기로 했습니다. 공부, 동아리, 학생회 활동을 하느라 바쁘지만 윤지는 행복한 일을 하는 데 주저하지 않습니다. 너무 바쁘지 않느냐고 묻자, "그래도 제가 행복해야죠" 하며 미소 짓습니다. 친구들을 만나러 가기 전에 윤지는 종이 한 장을 내밀었습니다. 얼굴은 보지 못하지만, 이 책을 읽을 친구들에게 보내는 작은 메시지였습니다.

혹시 너희가 학교에 대해서 답답함과 불만을 가지고 있다면, 그것을 가슴속에 안고만 있다면, 친구들과 얘기하는 것으로 끝내고 있다면, 한번쯤 생각해 봐. 이 학교는 누구를 위한 곳인지, 누가 만들어 나가는 곳인지, 나와 친구들을 위한 권리는 누가 찾아 주는지. 꼭 학생회가 아니더라도 학생들의 목소리가 모이면 그리고 조금 더 적극적인 모습으로 잘못된 것들을 바꿔 나가려고 한다면 학교 또한 달라질 거야. 묵묵히 지시를 따르는 것이 학생의 역할이 아니라 목소리를 내고 당당하고 정당하게 이야기를 하는 것이 너희의 역할이라는 것을 기억해.

윤
지

행복한 백 사람의 한 걸음

　'21세기청소년공동체 희망'이 청소년들과 동 고동락한 지 어느덧 10년이 훌쩍 넘었습니다. '청소년의 행복한 삶'이라는 목표를 갖고 출발한 희망이라는 단체가 이제는 꽤 유명하다고 생각했는데 아직도 청소년들 대부분이 모르더군요.

　윤지를 처음 만난 것은 2007년 1월에 열린 '학생회 활력 프로젝트'라는 프로그램에서였어요. 해마다 희망은 학생회 활성화 방안 중 하나로 학생회 수련회 프로그램을 진행하고 있었지요. 그때 윤지뿐 아니라 많은 중학교 학생회 친구들을 만났어요. 아이들은 무엇이든 해보려는 열망으로 가득 차 있었답니다.

　당시 광명의 한 학교의 학생회장이 기억나네요. 두발 자유를 공약으로 내걸었던 그 아이는 1학기 동안 아무것도 하지 못한 자신을 자책했습니다. 두발 검사에 걸려 친구들이 맞을 때 마치 자신이 맞은 것처럼 아팠다며 눈물을 흘렸어요. 그때 "학생회장은 모범만을 보이는 사람이 아니라, 자신을 믿고 뽑아 준 학생들의 어려움과 고민을 자기 것으로 받아들이고 함께 울어 줄 수 있는 사람이라고 생각"한다며 이야기하고 서로 격려했던 기억이 납니다.

　또 부천의 한 중학교 회장 친구도 생각나네요. 두발 자유를 위해 학교 선생님에게 당당하게 의견을 이야기했던 아이는 "저는 여자라서 두발 자유는 상관없어요. 하지만 학생들이 간절히 요구하기 때문에 반드시 바꾸겠어요" 하며 끝까지 포기하지 않고 열심히 활동했어요.

　이 두 학생들의 공통점은 '나보다는 남'을 생각하는 것이었어요. 나보다 남을 위한 삶에서 보람과 가치를 느낀 것이죠. 학생들의 행복을 자신의 행복으로 느끼고, 많은 것을 포기하고 끝까지 학생회장으로서 최선을 다했어요. 이 두 친구뿐만 아니라 모임에 나오는 학생회 친구들 모두 그렇다고 해도 과언이 아니에요. 윤지도 마찬가지였어요. 매점을 다시 열기 전까지 학생들에게 꼭 필요한 후문 개방을 위해 최선을 다했잖아요.

　희망은 이처럼 학생들이 나보다는 남을 위한 삶이 가치 있다는 것을 자연스럽게 경험해서 성인이 되었을 때 우리 사회에 필요한 사람이 되기를 희망합니다. 또한 희망은 대한민국 청소년 모두가 행복한 삶을 살기 바랍니다. 행복은 상대적이지만, 그래도 자신들이 하고 싶은 것을 자유롭게 하는 것이라고 생각해요. 그런데 우리 사회는 청소년들에게 지금보다는 먼 미래의 행복이 중요하다고 강요합니다. 혹은 결코 청소년들이 행복해지는 것을 바라지 않는 것 같기도 합니다.

　희망은 과거 중·고등학교 학생들이 직접 만든 단체였어요. 초창기에는 서울의 각 지역별로 흩어져 있었고, 활동도 매우 미약했지요. 힘든 시기도 있었지만, 2003년 사단법인이 되었고 지금까지 이어져 오고 있어요. 많은 선배들이 노력했기 때문에 가능한 일이었어요. 대학을 포기하고 공장에 취직해서 월급의 반 이상을 희망과 청소년을 위해 다 바친 선배들도 많습니다. 그런 선배들이 있었기에 희망이 유지될 수 있었지요.

2005년에 희망은 내신등급제 반대 집회를 주최했습니다. 2005
년 4월 29일 , 5월 1일, 2일 잇달아 내신등급제 때문에 학생들이
자살을 했습니다. 청소년들의 안타까운 죽음을 지켜보며 가만히
있을 수 없어서 청소년 활동가끼리 작게 추모 촛불문화제를 열려
고 한 것이 알려져서 대규모 촛불문화제가 열리게 되었지요. 교
사, 학부모, 정부 관계자 들이 수시로 찾아와 문화제를 취소하라
고 요구했습니다. '위험하다'와 '보수 세력에 이용당한다'는 논
리를 내세웠어요. 하지만 희망은 청소년들의 끓어오르는 요구를
무시할 수 없었습니다. 또 희망의 문을 닫을 수도 있다는 얘기도
들었습니다. 하지만 우리의 목적은 단체를 안정화하고 키우는
것이 아니라 청소년의 권익을 위하는 것이기 때문에 문화제를 강
행했습니다. 결국 놀랍게도 1천여 명의 청소년들이 참가해 청소
년들의 절절한 외침을 우리 사회에 알렸습니다.

그러나 희망이 10년 넘게 청소년들을 위해 살아왔지만 달라진
것이 거의 없어 보이네요. 아직도 아이들이 성적을 비관해 죽음
을 선택하고 있고, 학교를 떠나는 아이들도 여전히 많습니다. 많
은 사회문제들이 그대로 남아 있는 것에 대해 책임감을 느낍니
다. 교육과 청소년 인권 문제를 해결하지 않고는 결코 청소년들
이 행복해질 수 없다고 생각해요.

지금 정부는 학교 자율화, 국제 중학교 설립, 일제 고사 부활,
교과서 개정 등 시대착오적인 교육정책을 펼치고 있습니다. 청

소년들을 더욱 경쟁으로 내모는 이런 정책들을 반드시 막아야 합니다. 21세기청소년공동체 희망은 2008년에 처음 시작한 희망 운영진들과 함께 힘을 합쳐 청소년들을 위한 활동들을 많이 많이 펼쳐 나갈 예정이에요.

한 사람의 백 걸음이 아닌 백 사람의 한 걸음을 더욱 소중히 여기며 더욱 많은 청소년들과 함께 할 수 있는 활동들을 준비해 조금씩 청소년의 행복한 삶을 위해 걸어 나가겠습니다.

NGO란?

"……민주국가에서는 모든 시민이 독립되어 있으며 취약하다. 그들은 혼자서는 아무것도 할 수 없다. 그리고 어느 누구도 다른 사람의 도움을 요구할 수 없다. 따라서 만약 그들이 상부상조하는 법을 자발적으로 배우지 않으면 그들은 모두 무기력한 존재가 된다. 만약 민주국가에서 사는 사람들이 정치적 목적을 위해 단체를 구성할 권리나 의향이 없다면, 그들이 누리는 독립은 큰 재난에 처하게 될 것이다." –토크빌, 《미국의 민주주의》 중에서

시민과 정부

시민들은 한 국가의 구성원으로서 정부와 다양한 관계를 맺으며 살아가고 있다. 우선 시민들은 재판, 치안, 국방, 의료, 교육 등과 같이 분쟁 해결, 안전, 능력 계발 등에 필요한 것들을 정부에 요청하여 공급받을 수 있다. 둘째, 시민들은 자신들의 이익을 정부에 강력하게 요청하기도 한다. 예를 들어, 분업과 같은 정부 정책에 대해 의사와 약사들은 자신들의 직업과 관련된 이익을

얻기 위해 집단을 조직하고 정부에 압력을 넣기도 한다. 이처럼 특정한 집단의 이익만을 위해 만들어진 집단을 이익집단 혹은 압력단체라고 한다. 셋째, 시민들은 행정부의 공무원이 되거나 법관이 되어 정부의 구성원으로 활동하기도 한다. 넷째, 시민들은 정치적 이상이나 뜻을 같이하는 동료 시민들과 함께 정당을 만들어서 자신들의 정책을 홍보하고, 나아가서는 지방의회 의원이나 국회의원 등 시민의 대표를 뽑거나 직접 나서기도 한다.

시민과 NGO

시민들이 정부와 다양한 관계를 맺고 살아가지만, 정부가 시민들의 모든 요구를 충족해 주지는 못한다. 시민들의 삶의 영역과 삶의 가치는 매우 다양하기 때문이다. 시민들은 정부와의 관계를 포함해 사회 및 경제생활에서 인식한 여러 가지 문제를 해결하기 위해 노력한다. 정당, 압력단체 등이 그 사례라고 할 수 있다.

그러나 이런 문제를 해결하는 과정에서 일차적으로 시민들 누구나 공감할 수 있는 일반적인 이익과 공익을 달성하기 위해 시민들 스스로 모임을 만들고 운영하는 단체를 NGO(시민 단체)라고 한다. 우리나라를 비롯해 세계 여러 나라에는 다양한 NGO가 있다. 환경 보호를 위한 '녹색연합', 교육 문제 해결을 위한 '참교육을위한전국학부모회', 전 세계 인권 향상을 위해 노력하는 '앰네스티', 핵실험을 막고 지구 환경을 지키기 위해 노력하는 '그린피스' 등이 있다.

2001년 참여연대에서 벌인 이동전화요금인하운동을 통해 NGO 활동을 들여다보자.

l. 문제를 인식하는 단계

세계 최대의 통신 대국이 되었고, 2001년 당시 이동통신 서비스 가입자가 2천7백만 명이 넘었는데도 7백만 수준이었던 1997년에 비해 이동전화 요금에는 큰 변화가 없었다. 오히려 가입자 확대, 단말기 보조금 제도 폐지, 마케팅 비용 축소 등 달라진 조건을 배경으로 사업자들은 사상 최대 규모의 매출과 순이익을 올리고 있었다. 또한 정보통신 분야를 전공한 누구도 소비자의 목소리를 대변하거나 귀를 기울이지 않았다.

2. 문제의 원인을 찾고 그 해결 방법을 의논하는 단계

경제력 수준, 인구, 설비 수준, 이동전화 보급률, 시장의 경쟁 상태 등 가격을 결정하는 여러 가지 변수들을 외국의 사례와 다양하게 비교하고 검토한 끝에 이동전화 기본요금의 30퍼센트 인하라는 구체적인 목표를 제시했다. 기본 무료 통화를 제공하지도 않으면서 높은 요금을 내도록 되어 있는 기본료 체계의 문제점을 지적하고 이를 인하하기 위한 이동통신소비자운동을 시작하기로 했다.

3. 문제를 해결하기 위해 구체적으로 실천한 단계

네티즌들을 대상으로 하는 캠페인 사이트를 만들고 '이동전화 요금30%인하 100만인물결운동'을 시작했다. 일주일이 지나지 않아 온라인 서명이 20만 명을 넘어섰다. 이 운동은 거리에서의 서명운동과 캠페인, 이동통신 사업자들에 대한 요금 인하 촉구 방문, 정보통신부 앞 1인시위로 이어졌다. 2001년 3월 14일에 시작해서 8개월 동안 온라인에서만 80만 명, 오프라인까지 합치면 100만 명이 이상이 서명운동에 참여했다.

4. 문제가 해결된 내용

이동전화 요금은 정기국회에서 쟁점이 되어 2001년 11월 1일 정보통신부와 민주당의 당정협의를 통해 애초 목표했던 기본료 30퍼센트(전체 요금의 약 15퍼센트 내외)에는 못 미치치만, 8.3퍼센트 요금 인하라는 성과를 이루어냈다.

청소년 단체

21세기청소년공동체 희망(www.heemang21.net)

희망은 삶을 주체적으로 살아가는 청소년들을 양성하고, 그들과 함께
청소년들의 현실을 바꾸기 위해 노력하는 단체입니다. 10년이 넘는
기간 동안 많은 청소년들과 교육, 인권, 자치 활동의 문제를 해결하고
발전시키기 위해 노력해 왔습니다. 또한 대한민국 모든 청소년들을
위해 여름방학 활력 프로젝트와 학생의 날 행사를 큰 규모로 열고 있
습니다. 특히 2008년부터 청소년들로 운영진을 구성해 청소년들이
주인이 되어 많은 활동들을 펼치고 있습니다.

전화 02-796-2278 / 팩스 02-796-7021 / 서울시 용산구 한강로 3가 48-1 황금빌딩 3층

공간 민들레(www.flyingmindle.or.kr)

공간 민들레는 탈학교 청소년, 대안적인 배움에 관심이 있는 다양한
어른들과 아이들이 모인 배움의 공동체입니다. 1999년에《자퇴일기》
를 펴낸 민들레출판사에 자발적인 청소년 모임인 '탈학교모임'이 만
들어진 것이 그 출발점이었습니다. 현재 70여 명의 아이들과 20~30

명의 어른들이 자유롭게 오가면서 자신에게 필요한 배움과 만남을 이어 가고 있습니다. 주요 활동 내용은 학교 문제로 고민하는 아이와 부모 상담, 학교 밖 청소년을 위한 자기 주도적 학습 과정 운영, 청소년 인문학, 다양한 프로젝트, 소모임 활동, 학부모의 다양한 활동과 학습 지원, 다른 대안 교육 현장과 지역 사회와의 네트워크 활동 등입니다.

전화 02-322-1318 / 팩스 02-6442-1318 / 서울시 마포구 서교동 332-14번지

교육공동체 나다(nada.jinbo.net)

교육공동체 나다는 교육의 대안이 될 인문학 강좌를 만들어 청소년들과 토론을 합니다. 인문학적 사고란 세상에 휩쓸리는 것이 아니라 자신의 눈으로 세상을 바라보고 행동하기 위한 바탕이기 때문입니다. 교육의 당사자인 청소년이 스스로 교육제도의 억압을 거부할 때 교육이 바뀔 수 있다는 생각을 갖고 저항하는 청소년들과 여러 가지 실천을 함께 해나가고 있습니다..

전화 02-335-0148 / 서울시 마포구 서교동 332-14번지 2층

대한민국청소년의회(www.youthassembly.or.kr)

청소년의 참여 증진·권리 향상! 대한민국청소년의회는 전국의 청소년들이 온라인 선거를 통해 직접 선출한 청소년 의원들이 활동하고 있습니다. 2003년 5월에 전국에서 선출된 1대 청소년 의원 99명이 첫 활동을 시작했습니다. 정기 회의, 임시 회의, 입법 청원, 청소년주장 발표대회, 학생의 날 행사를 정기적으로 진행하고 있습니다. 여러 청소년 단체들과 함께 다양한 실천 활동을 펼치고 있습니다.

전화 02-3709-7567 / 팩스 02-3709-7540 / 서울시 중구 정동 34-5 배재정동빌딩 B동 1층

청소년 단체

민주노동당 청소년위원회(cafe.daum.net/youthminno)

민주노동당 청소년위원회는 청소년들의 권리를 정치 활동으로 보장하고 해결하는 곳입니다. 대표적으로 2008년 11월 3일 민주노동당 권영길 의원이 두발 규제, 체벌, 0교시, 강제 보충 및 야간 자율 학습을 금지하는 '학생인권법'을 발의했습니다. 학교에서 억울한 일을 당했거나 해결하고 싶은 문제가 있는 학생들을 위해 카페에서 학생 인권 신고 센터를 운영하고 있습니다.

민주 중·고등학생연합(cafe.daum.net/Fond)

민주 중·고등학생연합| 민학련 |은 10대 연합 2기에서 출발한 단체입니다. 공기업 민영화, 대운하 건설, 방송·언론 장악, 노동자 탄압 등 이명박 정권의 그릇된 정책을 반대하는 청소년 단체입니다. 민학련은 2008년 9월 말에 생긴 이후 지금까지 꾸준히 이명박 정권의 잘못된 정책에 반대해 전단지 배포, 인터넷을 통한 홍보, 청소년 인권 운동, 시위 참여 등을 하고 있습니다. 현재는 다른 청소년 단체와 연대, 통합을 구상하고 있으며, 내년 중에 이를 토대로 청소년을 위한 청소년의 신문| 가칭 |을 만들 예정입니다.

오답 승리의희망(cantabile.mireene.com)

'자유로운 주장, 거침없는 발언, 빈약한 자본'을 표어로 내걸고 있는 청소년 자유 언론 〈오답 승리의 희망| 오승희 |〉입니다. 2006년에 전주의 한 고등학교에서 '지하 신문'의 형태로 창간되었으며, 현재는 9호

발간을 앞두고 있습니다. 자본이 빈약하다 보니 발행 간격도 드문드문하고 품질도 좋지 않습니다. 하지만 '진정한 청소년의 자유 언론'이자 '청소년들의 자유 게시판'이라는 자부심 하나로 찍어 내고 있습니다.

울산청소년문화공동체 함께(www.hamkke79.com)

울산청소년공동체 함께는 청소년을 우리 역사와 민족의 주인으로 인식하고 청소년들과 함께 희망을 만들어 가기 위해 노력하는 단체입니다. 교육 문제를 비롯한 청소년 동아리 활동, 청소년 상담 활동, 학생 자치와 인권 지원 활동, 장애인 청소년 지원 활동, 저소득 청소년 공부방, 사회 참여 활동, 다양한 문화 체험 활동, 봉사 활동 등을 하고 있습니다.

전화 052-293-7942~3 / 팩스 052-293-7944 / 울산시 중구 반구2동 263-38번지 강동한의원 4층

의식이깨어있는청소년연합(cafe.daum.net/conscious-student)

의식이깨어있는청소년연합| 의청련 |은 청소년들의 자발적인 참여로 이루어진 단체입니다. 2008년 5월, 미국 쇠고기 수입 반대 촛불 집회에서 처음 만났습니다. 그 이후 한반도 대운하 건설, 언론 왜곡과 언론 장악 등 정부의 잘못된 정책과 행동을 반대하고, 친일파 청산 등을 비롯한 사회 전반적인 문제에 관심을 가지고 활동을 넓혀 나가고 있습니다. 현재 청소년 사회 참여 단체로 발전해 답사와 토론회 등 다양한 방향으로 활동하고 있습니다. Students, Be Conscious!

인권교육센터 들은 '인권에 대해 알고 행사할 수 있어야 비로소 권리는 권리일 수 있다'는 신념으로 활동하고 있습니다. 인권 교육은 참여한 사람들이 인권을 몸으로 느끼고 스스로 알아 가는 재미가 만만치 않은 역동적인 교육입니다. 즐거운 인권 여행을 할 수 있는 교육 과정을 개발해 교육을 진행하고 있습니다. 또한 내공 있는 인권 교육가들을 만들고 네트워크로 묶는 일도 함께 합니다. 들은 소수자들의 인권을 지키기 위한 활동도 하고 있습니다. 특히 어린이와 청소년의 인권을 지키기 위한 활동에 힘을 쏟고 있습니다. 주요 활동은 두발 자유, 체벌 금지, 학생 인권법 제정 운동, 학생 인권 가이드라인 연구, 청소년 인권 활동가 네트워크 결성 등 학생 인권을 실현하기 위한 활동, 아르바이트 청소년과 전문계 고등학교 실습생이 일터에서 겪는 부당한 대우를 조사하고 대책을 촉구하는 활동들을 합니다.

전화 02-365-5412 / 서울시 중구 중림동 398-17 3층

전국청소년학생연합│전청련│은 2008년도 5월 촛불 정국에 결성되었습니다. 자주적이고 민주적으로 단결해 청소년의 정치, 사회, 경제, 문화적 지위 향상을 위해 활동하는 청소년 단체입니다. 모순된 사회를 유지하기 위한 주입식 교육을 거부하며, 교육 개혁과 청소년 인권 보장, 학원의 민주화, 입시 폐지 등 청소년 운동의 조직화를 위해 진취적으로 활동합니다. 전국적인 청소년 대중 조직을 지향하며, 전국 각 지역에 지부를 두어 전국의 청소년들이 단체 활동에 주체적으로 참여하고 있습니다.

열
정
세
대

청소년교육문화공동체 반딧불이(www.bandi1318.org)

반딧불이는 청소년들이 자신의 꿈을 찾아 활기차게 뛰어다닐 수 있는 세상을 꿈꾸는 대구의 청소년 단체입니다. 지금은 반딧불이와 함께 청소년기를 보낸 이십대 일꾼들이 많이 활동하고 있습니다. 현재 반딧불이는 청소년 인권 운동과 사회 참여 확대를 위해 애쓰고 있습니다. 대구 지역 역사 탐험, 농촌 체험, 봉사 프로그램 등 학교 밖 체험 활동과 다양한 청소년 자치 활동을 계획하고 지원하고 있습니다. 대구 지역 청소년들이면 누구나 가입할 수 있습니다.

전화 053-421-1318 / 팩스 053-421-1322 / 대구시 중구 서문로1가 71번지 3층

청소년교육문화공동체 청춘(www.chungchun.org)

청춘은 청소년들이 원하는 삶을 찾고, 용기 있게 움직일 수 있도록 함께 배우고 변화하며 자유롭게 실천하는 일상 속의 소박한 공동체입니다. 다름과 다양, 인정과 소통, 자유와 공존을 고민하며, 다양한 교육·문화 프로그램을 기획하고 있습니다. 세대, 조건, 성별에 구애 없이 열정적으로 함께 할 따뜻한 사람을 기다립니다.

전화 042-221-7098 / 대전 중구 선화동 139번지 중구 청소년문화마당

인터넷뉴스 바이러스(www.1318virus.net)

인터넷뉴스 바이러스는 국내에서 유일하게 청소년을 대변하는 언론입니다. 청소년은 우리 사회의 주인이므로 청소년들의 목소리에 귀를 기울이고 있습니다. 청소년들의 목소리가 더 많이 퍼질 수 있도록 많은 활동을 하고 있습니다.

전화 02-2635-3064 / 팩스 02-2635-3069 / 서울시 용산구 한강로3가 48-1 황금빌딩 2층

청
소
년

단
체

청소년 다함께(cafe.naver.com/youthalltogether)

청소년 다함께는 입시 경쟁 교육과 청소년 억압┃인권 침해┃에 반대하는 청소년들의 모임입니다. 소수를 위한 전쟁에 반대하고, 권리를 위해 싸우는 노동자들과 억압받는 사람들의 투쟁을 지지하고 연대하는 활동을 하고 있습니다. 이윤보다 사람, 경쟁보다 연대가 대안이라고 생각하는 청소년들이 함께 토론하고 준비하고 행동하는 모임입니다.

청소년문화예술센터(www.1318art.net)

청소년문화예술센터는 청소년들의 문화·예술 활동을 활성화하고, 끼와 재능이 넘치는 문예 청소년들의 꿈을 키워 주는 곳입니다. 노래, 춤, 연기를 사랑하는 청소년들을 위한 활동을 진행합니다. 또한 창조적이고 다양하게 표현되어야 할 청소년들의 문화·예술 활동이 스타 시스템과 기획사 오디션으로 인해 경쟁과 상업화되어 있는 현실을 바꾸고, 공동체적이고 창조적인 청소년 문화·예술 활동을 모색하는 사업을 펼치고 있습니다.

전화 02-737-1103 / 팩스 02-737-1109 / 서울시 서대문구 홍제2동 47-10 다동 2층

청소년성소수자커뮤니티 라틴(cafe.daum.net/Rateen)

'Rateen'은 Rainbow Teenager의 줄임말로, 십대 성 소수자 카페이지만 이십대들도 많이 가입해 있습니다. 또한 보통 성 소수자 카페들은 만남을 위주로 하고 있지만, Rateen은 정보 공유 등 커뮤니티로 꾸며 가고 있습니다. 월례 정모┃스터디 모임┃, 퀴어퍼레이드┃6월┃ 참가, 매년 '이반놀이터' 개최 등 활동을 하고 있습니다.

청소년인권복지센터 내일(www.youth.incheon.kr)

내일은 1994년 창립해 인천 지역 청소년들의 학생회 및 동아리 활동 등 자치 활동을 지원하고 있습니다. 또한 건강한 청소년 공동체 문화를 만들어 가며, 청소년들이 주체적으로 인권 활동을 하기 위해 학교 안에 인권 동아리 '내일'을 운영하는 등 청소년들의 인권 신장을 위해 활동하고 있습니다.

전화 032-528-3669 / 팩스 032-201-3669 / 인천시 부평구 십정동 182-79 회춘원빌딩 5층

청소년인권포럼기획단 위더스(cafe.naver.com/youthforum)

흥사단 교육 운동 본부의 청소년인권포럼기획단 위더스는 교육, 청소년 인권과 관련해 포럼을 기획하고 운영하는 모임입니다. 2007년 대통령 선거를 맞이해 교육 및 청소년 의제를 포럼을 통해 발굴하고 대통령 후보들에게 전달하기 위해 만들어졌습니다. 2008년에는 청소년과 관련된 쟁점들에 대해 다른 청소년 단체들과 연대해 청소년의 목소리를 알리는 활동과 인권 기자단 활동도 함께 했습니다. 달마다 두번 온라인 회의와 비정기적인 오프라인 회의로 운영되고 있습니다. 주로 대학로에 있는 흥사단에서 모임을 합니다. 교육, 청소년 인권에 대해 토론하고 싶거나 기자단으로 활동하고 싶은 대한민국 청소년이면 모두 환영합니다.

전화 02-741-2013 / 서울시 종로구 동숭동 1-28 흥사단 내

청소년인권행동 아수나로(cafe.naver.com/asunaro)

아수나로는 근본적인 청소년 인권의 관점에서 이야기하고 행동하려고 노력하는 청소년 인권 단체입니다. 교육 문제를 비롯해 학생 인권,

정치적 권리, 청소년 노동 인권 등 청소년 인권에 대해 고민하고 활동합니다. 아직 변변한 사무실도 없고 가난하지만, 청소년들의 자발적인 행동에 기반을 두고 활발하게 활동하고 있습니다. 전국 각 지역에서 청소년, 비청소년 활동가들이 지역 모임을 꾸려서 활동하는 방식으로 운영되고 있습니다.

청소년인권활동가네트워크(cafe.daum.net/youthhr)

청소년인권활동가네트워크는 청소년 인권 운동 진영과 흐름을 만들기 위해 모인 활동가들과 단체들의 연대입니다. 현재 인권교육센터들, 청소년 다함께 등과 여러 개인 활동가들이 같이 활동하고 있습니다. 학생 인권과 교육 문제, 청소년 노동 인권, 정치적 권리 문제 등에 관한 활동을 하고 있습니다. 또한 여성주의, 보호주의 문제 등에 대해 청소년 인권 운동의 새로운 의제들을 발견하고 개척하는 일도 동시에 하고 있습니다.

전화 02-365-5359 / 서울시 중구 중림동 398-17 3층

청소년희망공동체 숲(cafe.daum.net/youngpusan)

청소년희망공동체 숲은 가장 창조적이고 진취적인 청소년의 특성을 살려 청소년 문화를 선도하고자 합니다. 봉사 동아리ㅣ 안끼또 ㅣ, 인터넷 신문 동아리ㅣ 숨바꼭질 ㅣ, 통일 바람 동아리ㅣ 하나 ㅣ와 같은 동아리를 청소년들이 직접 운영하고 있습니다. 환경 지킴이 활동, 청소년 통일 한마당, 농촌 봉사 체험 활동, 인권 캠프 등 대중 사업도 하고 있습니다. 직접 무언가를 해보고 싶은 청소년들을 환영합니다.

청소년문화공동체 품(www.pumdongi.net)

품은 청소년에 대한 우리 사회의 시각과 접근을 비판하면서 시작되었습니다. 1996년 설립 이래, 청소년들의 문화적 성장과 주체적 활동을 지원하고 있습니다. 문화가 부자인 나라, 청소년이 꿈꾸고, 청년이 청년답고, 마을이 살아 있는 사회를 지향합니다.

전화 02-999-9887 / 팩스 02-999-0860 / 서울시 도봉구 쌍문1동 495-77 송곡빌라 지층

한국성적소수자문화인권센터(www.kscrc.org)

한국성적소수자문화인권센터I KSCRC I는 한국의 레즈비언, 게이, 바이섹슈얼, 트랜스젠더, HIV 감염인을 비롯해 이들을 지지하는 모든 사람들이 서로 소통하고, 또한 스스로 자신의 즐거움과 행복, 권리 보호와 향상을 위해 노력하는 조직입니다.

전화 0505-896-8080 / 팩스 0505-893-8080 / 서울시 마포구 서교동 475-1 영화빌딩 6층